The Exam Skills Handbook

自我测试手册

［英］斯特拉·科特雷尔（Stella Cottrell） 著
杨丛与 译

 中国传媒大学出版社
·北京·

图书在版编目（CIP）数据

自我测试手册 /（英）斯特拉·科特雷尔（Stella Cottrell）著；杨丛与译. -- 北京：中国传媒大学出版社，2021.6

ISBN 978-7-5657-2932-4

Ⅰ. ①自… Ⅱ. ①斯… ②杨… Ⅲ. ①考试－学习心理学－手册 Ⅳ. ①G424.74-62

中国版本图书馆CIP数据核字（2021）第077881号

First published in English under the title The Exam Skills Handbook by Stella Cottrell, edition: 1. Copyright © Macmillan Publishers Limited, 2006 *. This edition has been translated and published under licence from Macmillan Education Limited, part of Springer Nature. Macmillan Education Limited, part of Springer Nature takes no responsibility and shall not be made liable for the accuracy of the translation.

著作权合同登记号 图字：01-2021-2915 号

自我测试手册
ZIWO CESHI SHOUCE

著 者	[英]斯特拉·科特雷尔（Stella Cottrell）	
译 者	杨丛与	
策划编辑	曾婧娴	
责任编辑	曾婧娴	
特约编辑	王萌萌	
装帧设计	郝薇薇	
责任印制	李志鹏	

出版发行	中国传媒大学出版社				
社 址	北京市朝阳区定福庄东街1号		**邮 编**	100024	
电 话	86-10-65450532　65450528		**传 真**	65779405	
网 址	http://cucp.cuc.edu.cn				
经 销	全国新华书店				
印 刷	北京雁林吉兆印刷有限公司				
开 本	787mm×1092mm　1/16				
印 张	17				
字 数	315千字				
版 次	2021年6月第1版				
印 次	2021年6月第1次印刷				
书 号	ISBN 978-7-5657-2932-4/G·2932		**定 价**	118.00元	

本社法律顾问：北京李伟斌律师事务所　郭建平
版权所有　　翻印必究　　印装错误　　负责调换

Contents

Chapter 1 导　读

本书目的 / 2
本书采用的方法 / 4
别人的建议有效吗 / 5
不同学生的经历 / 8
影响考试成绩的因素有哪些 / 9

Chapter 2 从哪儿入手

从何开始 / 22
为什么要考试 / 23
考试的十大积极作用 / 24
考试给我带来的好处 / 25
"考出好成绩"对我意味着什么 / 26
明确课程和考试的要求 / 27
备考的工具 / 28
确定适合你的学习环境 / 29
学生的经历 / 30

Chapter 3　进入"甜区"(1)：为巅峰状态做准备

巅峰状态 / 34

什么是"甜区" / 37

什么是"考试甜区" / 38

学生的经历 / 39

"甜区"的关键时刻 / 41

如何进入"甜区" / 42

巅峰表现的特征 / 43

5点巅峰计划 / 48

进入考试甜区：理解计划 / 49

Chapter 4　进入"甜区"(2)：
巅峰状态的思维架构

掌控你的态度 / 52

考试是怎样影响我的 / 54

监测你的态度——积极的迹象 / 56

监测你的态度——状态不好的日子 / 57

造成消极态度的动因 / 59

对付你心里的"小鬼"——对抗消极因素的办法 / 59

造成积极态度的动因 / 61

积极动因及奖励 / 62

理性看待考试(1)：平衡 / 63

理性看待考试(2)：提醒 / 64

自信与平衡的目标 / 64

切实可行的目标 / 65

长期目标(为什么)与当前任务(怎样做) / 68

目 录

Chapter 5　考试的迷思与现实

考试迷思　/ 72

学生的经历　/ 74

迷思（1）：别的学生"天生"就很会考试　/ 75

迷思（2）：其他人都不在乎考试　/ 76

迷思（3）：所有人都讨厌考试　/ 78

迷思（4）：某教授总是会让选他课的学生半数不及格　/ 79

迷思（5）：考试是学习中最重要的部分　/ 80

迷思（6）：如果考试不及格，就说明我很笨　/ 81

迷思（7）：别的学生都还没开始复习　/ 82

迷思（8）：可能为考试准备了过多的内容　/ 83

迷思（9）：如果记忆力不好，考试就会不及格　/ 84

迷思（10）：考试只能检测出我可以写得多快　/ 85

迷思（11）：我漂亮地答出一道题，就可以少回答几道题　/ 85

Chapter 6　考官想看到什么

打破关于考官的传言　/ 88

考官们如何批改试卷　/ 89

高分议论文的特点　/ 91

简答题　/ 92

简答题的高分答案　/ 93

优秀的演讲报告　/ 94

技术型题目的优秀回答　/ 96

应对考官　/ 98

试题中的措辞　/ 100

解读试题　/ 102

"然而，……"的重要性　/ 104

III

Chapter 7　复习策略

复习是什么　/ 108
长期复习和短期复习　/ 109
复习策略中的常见错误　/ 110
避免常见的复习错误　/ 111
学生的复习经历　/ 114
复习的准备工作　/ 116
复习多少才够　/ 117
制定复习时间表　/ 120
让复习变得有趣　/ 121
和他人一起复习　/ 125
哪些地方会出现问题　/ 128

Chapter 8　记忆力：需要时，记起想要的内容

关于记忆　/ 132
关于记忆：记忆力要食补　/ 133
关于记忆：无意识的工作　/ 135
缓解记忆紧张　/ 136
关于记忆：分层方法　/ 137
关于记忆："不止一次"　/ 138
关于记忆：特殊效应　/ 139
考试记忆　/ 140
我要记住哪些东西　/ 141
训练大脑：分组和标注　/ 143

目 录

训练大脑：联想的力量 / 144

训练大脑：让材料有意义 / 145

训练大脑：组织信息 / 146

训练大脑：用你的感官记忆 / 148

训练大脑：轨迹法 / 150

个人记忆法 / 151

记忆法：事件和数据 / 153

回忆 VS 知识 / 154

从信息到考试知识 / 155

构建知识体系：求知欲 / 157

构建知识体系：宏观把握 / 158

构建知识体系：互动 / 159

构建知识体系：用表格把握细节 / 160

Chapter 9　有条理的分块复习

为什么要特意进行分块复习 / 164

分块复习（1）：熟悉考卷 / 165

分块复习（2）：选择材料 / 169

分块复习（3）：压缩和整理资料 / 170

分块复习（4）：准备一个考试问题 / 173

分块复习（5）：准备多种问题 / 176

分块复习（6）：练习回答问题和模拟考试 / 179

分块复习（7）：从练习中学习 / 182

Chapter 10 压力、健康与成绩

适度的压力 / 188

有害的压力水平 / 190

压力迹象的检测：行为与情绪 / 191

压力迹象的检测：身体 / 192

我有压力吗 / 192

采取措施缓解压力 / 194

学生的经历 / 195

消除紧张情绪 / 197

镇定练习 / 198

冥想镇定法 / 200

Chapter 11 进入"甜区"(3)：模拟胜利

运动员如何利用"模拟法" / 204

为何要在考试中运用"模拟法" / 206

模拟法 / 207

我曾经是如何成功的 / 210

"不同寻常"的自己 / 211

在考试中展现另一面的自己 / 212

体会学习的乐趣和挑战 / 213

复习：在脑中重温考试步骤 / 214

去考试的路上 / 215

进入考场大楼 / 217

面对考卷 / 218

选择题目 / 219

写下答案 / 220

完成考卷 / 221

考试结束后 / 222

目 录

Chapter 12　考试进行时

冲刺复习：时间因素　/ 224
紧急复习策略　/ 225
冲刺复习：细节调整　/ 227
考前一周：保证睡眠　/ 228
考前一周：滋补大脑　/ 229
考前一日　/ 230
考试当天　/ 232
有效利用考试时间　/ 233
选择题目　/ 234
解答考题　/ 235
常见问题解答　/ 239
考试结束后　/ 241
经验教训　/ 242

附录 1　残疾或患有阅读障碍学生的特殊考试安排　/ 244
附录 2　我是否患有阅读障碍　/ 246
附录 3　寻求帮助的途径　/ 248
附录 4　5 点巅峰计划　/ 250
附录 5　规划表　/ 252
附录 6　追踪某领域的科研进展　/ 257
参考文献　/ 258
致谢　/ 260

VII

Chapter 1
导　读

学习目标

本书希望能帮助你做到：

- 对参加考试持有积极的心态。
- 思索取得好成绩对你个人的意义。
- 建立对考试的信心。
- 在准备考试时更加高效。
- 培养有效的复习策略和考试技巧。
- 学会全方位准备考试。
- 灵活应对突发状况。
- 取得自己的最好成绩。

本书目的

1. 发掘考试的好处

考试能带给我们满足感和成就感，使我们有充分的理由挤出时间来认真对待某一学科。如果没有考试的压力，我们很难促使自己这样去做。也就是说，考试能让我们在某个学科或领域成为专家，并有更好的表现。

当然，没有几个人生来就喜欢考试，大多数人情愿将时间花在其他的任何事情上，也不愿意去参加考试或准备考试。但是，如果我们能意识到考试是能为我们带来好处的，并且不断地这样提醒自己，就可能使我们一直保持获得成功所需的动力。

2. 掌控过程

本书所要强调的是，如果想获得更好的考试经历，是有"法"可循的。这种更好的考试经历，并不仅仅指更高的考试成绩，还包括对考试更清晰的认识和对考试过程更好的掌控，即：

- 更明白考试的目的。
- 更清楚自己的表现。
- 了解更好的应对策略。
- 了解取得更好成绩的有效方法。

3. 做到自己的最好

即使你只采取最基本、最普通的方式来准备考试，通过考试的可能性也是非常大的，本书就为如何最大程度地通过考试提供了指导。

一个运动员仅仅完成比赛是很难获得满足感的，他们总是不断地寻求突破自己最好成绩的方法，并在训练中用尽一切办法寻找所有可能的进步空间。同样的，本书也鼓励大家从整体和战略的角度出发来准备和应对考试，以便尽可能地取得自己最好的成绩，或者能够达到你的"巅峰状态"。

4. 思考取得好成绩的最基本因素

本章简要介绍了影响考试成绩的几个关键因素。你可以先结合自身情况仔细思考一下这些要素，作为采取实际行动的第一步来逐步改善自己的表现。

5. 不同的起点

本书根据你在不同起点的不同需求，设计了以下几个角度：
- 你所需要的。
- 你有多少时间。
- 已有的考试能力。
- 你希望获得什么样的结果，又愿意为其付出多少代价。

6. 不同的问题

（1）考试新手

你并不一定要从头阅读本书，也不必每章都读。如果你对考试非常焦虑，或者你最近一段时间的考试成绩不理想，那么本书的 Chapter 1 及 Chapter 2 可以帮助你梳理对考试的认识，而 Chapter 7 和 Chapter 9 则介绍了基本的复习策略。

（2）对考试感到困惑

Chapter 5 和 Chapter 6 分别讨论了考试的迷思及出题人的目的，这两章的内容可以帮你理清思路。

（3）对考试感到焦虑和压力

如果你想找到适合你的控制焦虑的方法，可以阅读 Chapter 10。

（4）复习浪费的时间太多

你可以根据 Chapter 9 分块复习方法的相关内容，更好地利用复习时间。

（5）担心你的记忆力不好

你可以通过 Chapter 8 提供的方法来训练自己的记忆力，也可以通过

Chapter 10 提供的方式舒缓压力、平复心情,以及通过适当地放松和补充营养来增强记忆力。另外,有条理的复习安排(详见 Chapter 9)也同样可以提高记忆力。

(6) 希望在考试中达到巅峰状态

即使你已经在考试中有过不错的表现,也希望自己能做得更好。那么,通过阅读 Chapter 3、4、11,你就可以了解如何进入"考试甜区"来达到自己的巅峰状态。

(7) 离考试还有很长时间

你可以阅读探讨如何建造知识结构的 Chapter 8,也可以在研究建立学习架构的 Chapter 9 中找到许多复习节奏方面的建议。

本书采用的方法

本书有如下几个假设:

- 你可以改变考试的结果。
- 心态对考试的成功至关重要。
- 你清楚地认识到并珍惜所拥有的资源。
- 你一定能找到适合自己的那套考试方法。

1. 你可以改变考试的结果

本书写作的一个前提,就是认为你可以改变自己在考试中的表现。许多成功的考试来自于饱满的精神状态、充分的考前准备和考前练习,以及对考试应对策略的高效运用。这对我们来说无疑是值得兴奋的,因为以上提到的这些因素都是我们可以掌控的。

2. 心态

虽然许多人对考试心存疑惧,但实际上你大可不必如此。考试是否能真的测试出我们对知识的理解程度,成绩是否能真正代表一个人的智力水平,这样的怀疑并不是完全没有道理。但是,如果我们只看到自己考试的失败,或一直陷于过去考试失败的阴影里不能自拔,抑或总是对无法预知的结果忧心忡忡,都并不能使我们感到好过一些。相反,只有我们对考试和考前准备拥有更加积极的心态,我们才有可能做得更好。

3. 清楚地认识到并珍惜所拥有的资源

总是去想或者去谈论考试的坏处,只会白白浪费我们的时间、精力及体力。消极的心态还可能会使我们失去更多的社会资源,比如一起学习的同学,或是陪伴你的家人和朋友,因为人们总是更喜欢和一些心态积极的人相处,而不会喜欢跟总是悲观、消极的人在一起。

然而,这也并非要我们去佯装热爱考试,而是让我们寻找更好的方法,集中自己的注意力、时间、精力,甚至通过社会交往来取得更好的考试成绩。

4. 适合你的方法

对于不同的学生来说,最有效的考试应对策略往往各不相同。本书所强调的一个重点,就是大家需要结合自身特点来思考各种不同的考试应对策略和技巧,并从中发现最适合自己的那套方法。本书提供了许多简单而快捷的方式,用来测试你对于考试和复习的真实想法,以便能帮助你找到最适合自己的方法,获得考试的成功。

别人的建议有效吗

我们每个人几乎都会听到这样或那样的关于考试的建议,这些建议告诉我们怎样成为成绩优异的学生,或是怎样才能顺利通过考试。

有些学生并不理会别人的建议却仍然能在考试中取得优异成绩,有些

学生听从了别人的建议却收效不佳。这一切并不是仅仅需要遵照一套"该怎样"和"不该怎样"的模式那么简单。可以确定的是，某一个建议并不能适合所有的学生。因为不同的人拥有良好表现时所需的条件各不相同。如果你近期没有参加过考试，或者最近的考试都不是很理想，那么你非常有必要在一个接近真实考试的情境下来测试不同的考试技巧，看看哪种技巧对你更有用。

> **思考**
>
> 你听到过的最好的考试建议是什么？为什么这条建议有用？
>
> 你是否听到或读到一些对你并不是那么有用的考试建议？是因为这些建议不适合你，还是有其他的原因导致它们对你来说并不是那么有效？

1. 内在的假设

通常我们听到比较多的建议是基于某些假设，比如：

- 对学科知识的掌握比通过考试更为重要。
- 长期的学习累积比临时抱佛脚要好。
- 在考试前一晚复习没有什么用。
- 只有效率低的学生才会运用"必须背到滚瓜烂熟"之类的考试策略。
- 在考试前阅读新的材料不是什么好方法。

2. 亲自去测试这些假设

针对上面列举的这些假设所提出的建议可能会有用，也值得考生去考虑和采纳。然而，这些内在的假设并不一定适用于所有的学生。它们有可能适合你，也有可能不适合你。

我们每个人的情况在诸如对待学习的态度、耐力、记忆能力、对成功的渴望、在困难中寻找愉悦的意愿都会有所不同，这些不同会影响我们对别人建议的看法。

不同的人拥有良好表现时所需的条件各不相同

而且，我们在对时间的看法、对时间的支配、同他人合作的需要程度，以及我们对休息和消遣的需要程度等方面也各不相同。

因此，对不同的策略进行尝试和实践就显得非常重要，这样我们才能从实践中总结出不同的学科在不同的环境中，采取何种方法对我们最为有效，也才能更有自信地去决定究竟是该采纳，还是该谢绝这条建议。

不同学生的经历

虽然我在整个学年的学习都很努力,但是我在考试前一周左右的时间进行的复习往往是最有效的,因为只有在那时各个部分之间的联系才变得一目了然。

我的室友有时会在考前一天熬个通宵,而且他们似乎也考得不错。我不知道他们是怎么做到的,这样的办法对我来说却行不通,因为我需要保证睡眠。因此,对我来说,尽早开始准备考试是至关重要的。

所有人都说不要在考试的前一天晚上熬得太晚,但对于我来说,这却是记住复习资料里面的名字和日期的最好方法。

我在什么地方读到过,死记硬背是非常肤浅的学习方法,通常这样做的学生考试都不大成功。我很难相信这样的说法,因为我经常通过背诵来记忆列表信息之类的内容,而我的考试成绩也都很好。

每次我在考试中,除了那些我复习过许多遍的内容之外,其他的我都想不起来。这就意味着,我不能在考前一周才开始复习。我必须从不同的角度建立我对所学的科目的认识,而这通常需要好几周的时间。

对于我来说,选择记忆什么样的内容是至关重要的。我必须通过定期梳理所学的知识,才能抓住要点。这样我就能知道什么样的内容是重点,比如重要人物和他们的贡献等。即使我能做到这一点,在考试的前几天我仍然会像疯了一样,反复复习一些细节内容。

> 我总是在前往考场的路上和考场外面记住最有用的一些内容。我知道这和所有书上的建议都背道而驰,但有些细节内容让我在复习概念时感觉十分琐碎,却在即将要进考场的时候忽然让我觉得它是很有用的内容。

📖 思考

你从这些学生的经历中受到了什么启发?

影响考试成绩的因素有哪些

考试中的表现是许多因素综合作用的结果,而不是单纯的某个原因造成的。尽管大家都明白这个道理,可一旦我们考试超常发挥或者失手的时候,总会把它归结于某个简单的原因,诸如"刚好考到我会的"或者"我不擅长考试"。如果你取得好成绩时,原因不明或者无法解释,可以参考一下以下的这些因素,并且思考每个因素对于你的重要程度。

影响考试成绩的因素

1. 学科知识
2. 你参加考试的经历
3. 备考
4. 模拟考试
5. 科目基础
6. 写作能力
7. 时间利用
8. 态度与方法

接下来的内容会简要地讨论以上这些因素,并在后面的章节中有更加具体的阐述。

> 思考
>
> 在继续阅读之前,你可以用一些时间想一想列举出的这8个因素。这些因素在之前的考试中是不是你已经具有的优势?
>
>
>
> 思考哪些因素会让你感到失望?
>
>
>
> 从整体上来说,哪些因素会让你的考试分数比你的实际水平低?

1. 学科知识

(1)透彻理解科目

对科目的了解越是透彻,你就越能够:

- 意识到哪些内容是重要的,并且知道哪些内容是你在复习中可以忽略的,哪些内容是你在答题时可以省略的。
- 弄懂各个部分内容之间的联系。

- 弄清哪个学派的思想会跟考试中的哪个问题有关。

（2）背景阅读

你需要阅读大量和学科相关的文章和书籍，来加深自己对学科知识的理解。在考试中，这些相关内容会十分有用，尤其是在你答题时引用例子和细节、组织材料的方式、所下的结论，以及解析问题的质量等方面更为明显。

一般我们认为你对学科知识的掌握程度是关乎考试成功最重要的方面，但它并非是唯一的因素。因为即使你对学科知识所知甚多，但有可能在考试中遇到其他更为关键的因素。

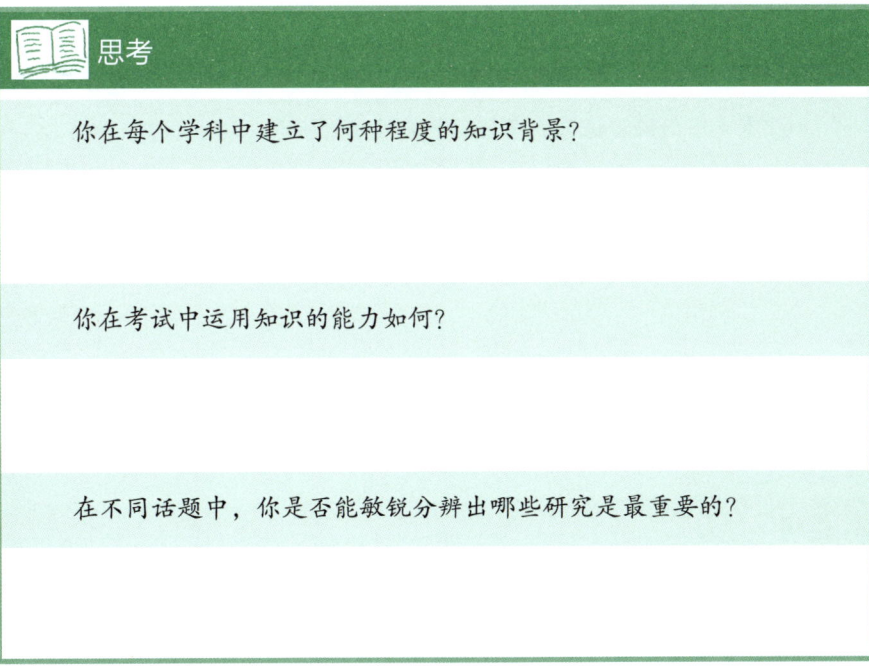

2. 你参加考试的经历

你所参加过考试次数的多少，关乎你对在考试环境下答题的熟悉程度。如果除此之外你还有一些成功的考试经历，那么你在考试中就不会有过大的压力。

考试失败的经历可能会影响你对考试的信心，但这并不意味着在未来的考试中你就再也不能有高水平的发挥了。因为你可以通过应用考试技巧来克服这一点。

另一方面，考试成绩一直优秀的学生可能会有自满情绪，或是感到无聊，这也可能会使他们失去竞争优势，除非他们能够采取新的方法。

> **思考**
>
> 想想你过去的考试经历，是否会让你有如下感觉：
>
> ☐ 对考试充满信心。
>
> ☐ 尝到过成功的滋味。
>
> ☐ 很清楚应该怎样改进。
>
> ☐ 有充足的经验保证在考试时不会过度紧张。
>
> ☐ 愿意并积极地寻找提高分数的方式。

3. 备考

（1）备考的充分程度

如果你想确保自己在考试中表现出色，在考前一定要有充分的准备。如果你不做任何准备就想在考试中取得好成绩，这几乎是不可能的，就算你在这门课的学习过程中一直非常努力，也需要做准备。因为考试并不仅仅和你对知识的学习或理解程度有关，还和你是否能够在以下方面有很好的表现有关：

- **知识点的掌握**。即问题所指的那一部分内容。
- **答题方式**。比如这道题是该采取简答、论述还是分析。
- **答题速度**。通常在考试中能用以思考、计划和抉择的时间会非常少。

- **记忆力**。一般在考试中不可能有时间和机会让你去查找不记得的内容。

考试的准备时间是多长,并没有一个固定的标准。我们需要定期预留出一部分时间,以一种积极的、有策略的方式专攻某一个科目。当考试临近的时候,你更是要预留出大量的准备时间。

(2)准备的类型

考试并不仅仅是对相关知识的复习,它还包括以下几个方面:

- 营造良好的心境。
- 发现你的弱点并着手改善它们。
- 寻求支持。
- 照顾好自己,使自己有良好的身体状况。
- 管理好自己的时间,合理分配,更好地应对备考阶段。

> **思考**
>
> 思考一下,你的考前准备:
>
> - 是否太过仓促?你是否需要尽早准备?
> - 是否太过简略?你是否需要下更多的工夫?
> - 是否太过无趣?你是否需要使它变得更加有趣?
> - 是否太过孤单?和别人一起准备的话,你是否会表现得更好?

4. 模拟考试

无论你要准备什么事情,最好的方法之一就是在尽量接近真实情况的环境下进行模拟练习。虽然要完全模拟考试的环境比较困难,但模拟一遍流程还是很有用处的。如果你对考试不太熟悉，或者容易在考试中紧张，那么在考前进行模拟练习就更为重要了。

通过模拟考试，你能够：

• 知道自己在短时间内能够写下多少内容，这可能帮助你提高复习效率，认识到选定最核心内容的重要性。

• 提高计划、写作和检查答案的速度。

• 学会迅速进入专注状态。

• 发现哪些内容是你真正记住的，哪些内容只是记住了一部分。

• 在模拟考结束后对照标准答案，看看你答题的质量。

如果你够幸运，也许你的课程会安排相关的模拟测验。如果你遇到这样的机会，一定要好好把握。这或许并不是一个让人愉快的经历，但你能够从中得到许多宝贵的经验，为真正的考试做好准备。如果没有这样的机会，你可以考虑自己进行模拟考试，可以单独进行，也可以和别人一起进行（详见Chapter 9）。

思考

你能从模拟考试中得到什么？

什么原因使你不能进行模拟练习？你需要怎样做才能克服这些困难？

从你模拟考试的答卷中可以看出，你还需要了解哪些方面的内容？

你可以和别人一起进行模拟考试吗？如果这样做，你需要做些什么？

5. 科目基础

如果你对现在学习的科目已经较为熟悉，就可能会拥有以下优势：

- 对科目知识已经有很好的基础，在此之上更进一步。
- 对该科目中出现的术语较为了解。

如果这个科目对你来说较为陌生，或者已经很久没有接触过，那么你可能需要更长的时间建立对这个科目的基础认识。这就意味着，你必须以较为缓慢的速度阅读科目相关的资料，建立对科目的理解。这个过程可能会让人感觉沮丧甚至挫败，因为在这个漫长的过程中你需要不停地去查询你不认识的词，或是弄懂用你并不熟悉的语言和概念写就的内容。然而你一定要相信，刚开始的这些困难一定会随着时间的推移逐渐变少直至消失。

如果这个科目对你来说较为陌生，你需要用更为积极的方式建立起对这个科目的知识体系，这样才有可能弄明白这些新的知识是怎样结合到一起的（详见 Chapter 8，第 157 页）。它能帮助你提高备考的效率，因为你会更清楚应该学习哪些内容，忽略哪些内容。

> **思考**
>
> 你过去的学习是否让你觉得：
> ☐ 更熟悉科目中的术语。
> ☐ 是目前学习科目很好的基础。
> ☐ 能够迅速阅读科目相关内容。
> ☐ 在阅读和写作时，能够迅速地辨认出重点。
>
> 你是否可以掌握自己对于考试的情绪？你可以和谁聊聊这件事？

6. 写作能力

（1）影响写作的因素

对于所有以笔试形式进行的考试，考试成绩都会受到以下因素的影响：

- 写作风格。使用清晰而易懂的写作风格。
- 词汇运用。使用能迅速、精炼和准确地表达自己观点的词汇。
- 语言组织。进行结构清晰、逻辑合理的论述。
- 写作技巧。正确地使用语法、标点，保证拼写正确，更精确地表达你的观点，并且确保阅卷人能够专注于你的答案内容，而不是书写错误。

写作能力强的学生在考试中往往拥有很大的优势，他们能运用其语言技巧很好地展示自己对知识的理解，有时甚至能够巧妙地掩饰自己不太明白的一些内容。所以说，提高你的写作能力很有益处。

（2）写作能力不强怎么办

如果你的写作能力不强，你可以通过以下几个方法来加强：

- 寻找能够提高你学术写作能力的课程，比如加强批判性思维、使写作更加清晰、使论述结构更合理等课程。以上的这些能力对于大多数大学的课程来说都非常重要，也能够提高你的写作能力。
- 如果你在语法、拼写或标点符号使用等方面存在不足，可以咨询大学或学院，是否有课程能改善你的状况。
- 在考试时仔细地检查你的答案。

如果你已经很努力地做到了以上几点，写作能力仍然不强的话，就有必要进行关于阅读障碍的检查了（详见附录2）。

 思考

你的考试成绩是否受到了自己写作能力的影响?

在写作中,哪个方面是你需要特别注意的?

要提高你的写作能力,现在应该怎么做?

7. 时间利用

(1) 时间量

你在以下几个方面投入的时间量,可能会直接影响到你的考试成绩:

- 阅读科目的相关内容,能加强你在这个领域的专业能力。
- 对该科目的思考。
- 研读较难的材料。
- 深入探讨诸多考试内容。
- 考前准备。
- 培养有助于记忆的技能。
- 练习考试题目类型。

只要你有更多的时间用来学习和复习,就已经有一个很大的优势了。这让你能投入必要的精力去学习,也让你有更多的时间去放松、减缓压力、锻炼身体和补充营养,这些因素都能提高你应对考试的能力。然而,通常很少有学生觉得他们在某个科目上投入了足够的时间。

（2）善于利用时间

你善于利用既有的时间吗？这比你拥有时间的多少更为重要。如果你需要将有限的时间分配给多个任务，那么本书中的一些策略可能使你更高效地利用这部分时间。

 思考

如何为学习和复习创造更多的时间？

如何为健康、营养、减压和健身这些能影响考试成绩的因素留出更多的时间？

考虑一下你如何才能更有效地利用复习和考前准备的时间？

8. 态度与方法

在所有对考试产生影响的因素中，我们面对考试时的精神状态也许是最重要的。我们的认知活动，如清晰而有逻辑的思考的能力，容易受到以下因素的影响：

- 我们是否保持平静。
- 我们是否能保持足够的兴奋度和兴趣度。
- 受平静、兴奋和压力影响，而在血液中释放出来的化学物质。
- 由我们从食物、饮料、药品及周围环境中摄入的物质，而在血液中释放出来的化学物质。

- 我们有多容易受到情绪和情感方面的影响，而不能专注于手头的工作。

不仅如此，我们的成绩还会受到以下两方面态度的影响：

- 我们的动力和耐力。
- 我们的自我认知。知道在准备考试过程中会遇到哪些障碍，以及怎样去克服这些障碍。

以上内容在接下来的章节中还会有更详细的阐述。

思考

在复习和备考的过程中，你的态度和认真程度对你的考试成绩起到了促进还是阻碍作用？

你可以在生活做哪些事情来照顾好自己，为自己在考试中有良好表现创造条件？

哪些因素阻碍了你在考试中获得更好的表现？应该怎样应对？

 结语

本书认为，如果我们能很好地了解自己所学的科目，并有足够的练习和准备，就很可能在考试中取得好成绩。但很重要的一点是，我们必须认识到，每个人在考试中获得成功的途径是因人而异的。这就意味着，我们不能简单地去模仿考试成绩优异的人的做法，也不能盲目地听从只对某些人在某个特

定的环境下才有效的建议。

备考的一部分内容就是要找到适合你的方式。你需要知道那些已经出版了的或者公认的意见是否对你有效。你可以用很多方法建立你对自己在这方面的认知：

- 想想自己过去的经历：那些建议对你有效吗？
- 如果你对自己此前的成绩不满意，可以考虑尝试新的方法。
- 尝试各种应对策略。
- 利用真题和模拟考试练习。

本章的内容还涉及考试的大环境。好的备考方式绝不仅仅是花大量的时间一遍又一遍地复习在课上讲过的内容，也不仅仅是关于如何利用好我们的时间，尽管这些都很重要。其他的因素也很重要，例如我们的心理和身体的健康，以及我们应对复习和考试的整体能力。

本书将在接下来的章节介绍多种方法、策略、技巧和思考方式，以供大家尝试。对于本章中提及的8个影响考试成绩的因素，在下面的章节中也会时常提到，并在涉及相关的主题和活动时为大家提供了具体章节的索引。如有需要，你也可以在附录3中找到可以提供帮助的途径。

Chapter 2
从哪儿入手

学习目标

本章内容将帮助你:

- 找到备考的切入点。
- 了解考试、设计考试的目的及考试的潜在益处。
- 建立"考试成功"的自我意识。
- 弄懂课程要求。
- 找到最适合你的学习环境。
- 发掘备考所需的资源。

本章内容是专门为对不了解考试的人，或希望提高考试成绩却不知道该从哪方面开始的人设计的。

在导读一章的基础上，本章希望能指导你建立对考试的理解。当你开始准备考试时，应该很快就能读完本章的内容。

了解考试的目的可以作为一个很好的切入点。如果你要参加考试，你可以思考：考试设立的目的是什么？你可以从中获得什么？取得一个好的成绩，对你有多重要？

思考以下几个问题可以使你从中获益，它们能帮助你更好地复习：

- 课程要求。
- 你复习的最好状态。
- 备考的最基本工具。

在下面的表格中，能帮你准确地找到自己最关心的问题。

从何开始

请浏览下面这张表格中所列举的关于备考的各个方面，找到你现在最关心的问题。先选出你认为亟待解决的 5 个方面（最多），并以它们作为你备考的切入点。然后，再选出紧接着要解决的 3 个方面。如果你还不知道该从哪儿开始，可以快速地浏览本书，看哪一部分的内容最吸引你的眼球，你就从哪一部分开始着手。

方面	详见	优先次序
1. 举行考试的原因	第 23 页	
2. 考试的积极作用	第 24—25 页	
3. 考试成功究竟对你意味着什么	第 26 页	
4. 区别考试的迷思与现实	Chapter 5	
5. 理解出题人的意图	Chapter 6	
6. 在复习和考试中通常易犯的错误	Chapter 7	
7. 其他学生是如何准备考试的	第 8 页	
8. 复习的意义	Chapter 7	

（续表）

方面	详见	优先次序
9. 在复习中应该做什么	Chapter 9	
10. 什么叫"考试甜区"	Chapter 3	
11. 如何进入"考试甜区"	Chapter 3、4、11	
12. 如何有效利用复习时间进行实战练习	Chapter 9	
13. 在备考过程中如何照顾好自己	第 133 页、第 194 页、第 229 页	

为什么要考试

1. 考试的目的

考试并不是为了使你的日子更难过，它有多种目的：

- 提供了一种检测你学到了多少知识的方法。
- 让你的导师们确定他们所批改的内容是你自己的学习成果，而不是从书本中或互联网上抄袭而来。
- 使你的学习重点更突出，并鼓励你将所学的知识融会贯通。

2. 考试并不完美

考试并不能完美地检测你的学习效果。一些你学得最好的内容可能并不会出现在试卷上，反而会让你不幸地遇到一些自己并不擅长的题目。

3. 客观的衡量标准

然而，考试是为衡量你对课程所要求的一部分内容的掌握程度而设立的，因此它会尽可能地客观、公平、公正。

4. 与考试妥协

虽然你可能不喜欢参加考试，相对于去参加考试，我们大多数人都会有更喜欢做的事情。如果你在考虑考试的负面影响上花了过多的时间，比如老是去想"考试很难"或是"考试起不到辅助学习的作用"，也无法帮你获得更好的考试成绩。因此，与考试妥协就相当重要：

- 考试会影响你最后的成绩，因此学会如何顺利通过考试并取得好成绩对你是有益的。
- 考试确实需要高强度的准备，所以你需要严阵以待。
- 通过合理的准备和有效地运用考试策略。
- 虽然不能完全保证考试的结果，但你的备考情况却很有可能影响你在考试中的表现。
- 如果你无法逃避考试，你就需要以更有建设性的方式来对待它。

考试的十大积极作用

- 考试能让我们的学习更有动力，也更有计划性。
- 考试能让我们回顾那些已经学过的知识，看我们是不是真的都弄懂了。考试也促使我们能够想办法记住信息，而不需要再去查找。
- 考试会让我们更清楚什么是自己已经真正掌握的知识，而不是自认为掌握的知识，并且可以从中发现自己需要更进一步掌握的内容。甚至，考试能够让我们学到平时可能忽略的知识。
- 考试能让我们更好地管理时间，更好地制订计划，使我们获得更好的项目管理的能力。
- 考试为我们制造挑战。如果我们能在考试中面对这些挑战，不管最终会取得什么样的成绩，我们都会变得更强大，也更能应对生活中的其他挑战。因为经过充分的练习和复习，大多数人都能够顺利通过考试，去参加考试却需要勇气。
- 考试让我们有机会获得相应的证书，这些证书也是我们未来成长和进步的通行证。
- 考试会让我们更深切地感受到那些自己更乐意去做的事情，这样我们在做这些事情的时候就会更懂得珍惜。
- 通常考试都是很客观的，即使你跟导师相处得并不愉快，也还是可以通过努力在考试中取得好成绩的。

Chapter 2　从哪儿入手

- 即使你在全年的学习中不够努力，积极地准备考试还是能让你有机会赶上大家并取得好成绩。
- 如果你在考前做了充足的准备，就更有可能获得一种专业的感觉。

思考

在这些考试的积极作用中，哪一个对你最重要？

考试给我带来的好处

为了更大地激发你的学习动力，你可以花一些时间来思索考试对自己有哪些好处。请你圈出下面符合自己的情况：

面对挑战　　　　比起写论文，　　　　帮助我掌握
　　　　　　　　我更愿意考试　　　　科目内容

客观的分数
　　　　　　　克服对考试　　　　　考官并不知道
　　　　　　　的恐惧　　　　　　　他/她批改的
提高做事的速度　　　　　　　　　　是我的试卷

　　　　　　　和别人一起复习
提升时间管理能力　　　　　　　　　我会有种成就感

思考

在你看来，考试还能为你带来哪些好处？

如何利用这些考试的好处，来保持你的学习动力？

"考出好成绩"对我意味着什么

对于不同的人来说,考出好成绩的意义并不相同。作为课程的一部分,考试无疑是相当重要的,但同时我们更应该意识到考试的重要性也是相当有限的。也就是说,考试的重要性是相对的,还有许多比考试更重要的事物,比如你的生活、你的心理健康、你的身体健康、你的家庭和朋友。

考出好成绩通常需要我们付出一定的代价。准备考试需要大量的时间,考试也会消耗我们的体力和脑力,而且考试带来的压力会给我们自己和他人都造成一定的影响。

每个人都需要保持"得"与"失"之间的平衡。例如,某个人愿意将整整3个月的时间都花在备考上,因为在他看来,如果能以最适合自己的方式进行备考,这样的代价是值得的。

而换成另一个人,他可能会觉得即使复习时间不足,存在考试成绩较差的风险,如果这样可以减少备考时对他人的影响,或是能保持自己生活和工作上更好的平衡,那么这样的风险也还是值得的。

思考

对你来说考出好成绩意味着什么?

为了考试,你愿意冒什么样的风险,愿意为之付出什么?

为了考试,你不愿意冒什么样的风险,不愿意为之付出什么?

明确课程和考试的要求

我们应该尽早地明确课程的要求,并在复习之前明白课程要求我们掌握哪些内容。这样我们就能以此作为切入点开始探索所学的课程,但需注意不要因此而限制了你在其他方面探索的兴趣。

1. 关于你的课程

(1)课程大纲

现在几乎所有的大学课程都会为学生提供课程大纲,让学生明白所学课程的要求。

(2)课程目的

这一部分内容概述了学习此门课程的目的。

(3)学习目标

这部分简述了在所学课程结束时,你应该大致掌握的几个主要方面。

(4)你应该掌握的技巧

这一部分指的是一些在学科领域中的实用技巧,以及一些同样适用于其他学科甚至生活中的通用技巧。这部分内容不一定会在考试中出现。

(5)课程纲要

课程纲要会更细致地描述你在每一部分课程内容中需要掌握的知识。这部分内容可以帮你更加明确在备考时需要涵盖哪些方面。

2. 手册及规定

通常你会从学校得到"培养方案"(programme)、"课程介绍"(course)或"学生手册"(student handbook),这些材料会为你提供相关课程的指导信息,一般包括所学科目的课程内容、考核方式和考核标准。学校可能会给你一份这些材料的副本,你也可以在网站上去查看相关信息。你应该主动查看这些内容,不要被动地等导师来告诉你需要了解什么,或是需要做什么。

3. 历年真题

历年真题能给我们提供非常宝贵的信息，你也能从中更直接地感受到所学课程的要求。如果真题让你感觉很陌生，那么就有必要查询一下当年的课程纲要，看课程纲要是否做出过调整。这些真题通常能在学校图书馆和网站上查询到。对于校外的一些考试，你一般可以直接向命题机构索取真题。

备考的工具

以图表的方式整理思绪所需要的大张白纸或绘图纸

能补充身体水分的饮用水

用来总结关键信息的卡片

可以激发灵感的新材料

良好的睡眠

彩色马克笔，用来突出不同类型的信息

能够一起复习的同学

Chapter 2　从哪儿入手

确定适合你的学习环境

- 在以下你认为**最理想**的学习环境的特点下面画线。
- 圈出以下你认为**最关键**的学习环境的特点。

可交际　　　　　远离大　　　我可以播放
安静的地方　　　没有干扰　　学校园　　　音乐的地方

有水的地方　　　　　　　　　　　　　　　　我可以获得
　　　　　有可以激起我　有足够的地方让　　食物的地方
　　　　　兴趣的杂志和　我画大幅的彩色
在校园里　　书籍的地方　　图表分析材料

　　　　　　　　　　　　　　　　　　能够让我大声说出
旅行中　　　　　一个整洁的地方　　　　自己想法的地方

　　　　　有创意的喧闹环境
　　　　　　　　　　　　　　　　　　在家里

　　　　　　　我不会被打扰的地方
我可以随意走动的地方　　　　　　　　不在家里

不能开手机　　　每次都在
的地方　　　　同一个地方　　　　　户外

　　　　　　能带给我新鲜感　　风景好
室内　　　　　的不同地方
　　　　　　　　　　　　　　　　有电脑的地方

　　　针对备考的不同内容，确定你所需要的环境。想想在准备不同内容时，你需要在哪个地方进行。

The Exam Skills Handbook
自我测试手册

备考的内容	地点/你学习时需要的环境特点
制定复习时间表	
完成你的复习笔记	
将复习笔记精简到可控的范围	
练习答题	
通读材料，加深你对较难主题的理解	
记忆名字、日期、事实与数字	
整理信息，使其在考试中便于回忆	
和其他同学共同复习	
测试你对材料的记忆程度	
最后一刻的复习	

学生的经历

有一年，我得知自己最喜欢的乐队将在各地巡演，于是我决定前往每个场馆去观看他们的演出。那时，我白天都在火车、长途汽车上复习功课，每天晚上的演唱会就是给自己的奖励。我并没有像其他人一样陷入对考试的忧虑中，因为我知道每天结束的时候都有可以期待的东西。这对我来说不仅是很好的复习方法，还是我最美妙的经历之一，感觉实在是太棒了！

我从来都不知道应该何时开始准备考试。这就意味着，我开始的时候总是已经太晚了。

我把自己所有的时间都用在了计划上，而只花很少时间进行真正的复习。我需要更好地平衡这两者之间的关系。

Chapter 2　从哪儿入手

> 我只有在别人都入睡以后才能开始复习。这样做的好处是，我可以在复习笔记的时候不被人打断，坏处是我在参加研讨会时总是昏昏欲睡，于是我需要在晚上将研讨会上的内容补回来。

> 我过去曾经很害怕复习。我以前根本就不知道复习是什么，自然也不愿意去复习。后来，为了应对考试我开始强迫自己到图书馆学习，以便不让自己分心，没想到复习的效果非常好。在图书馆里，我不会被人打扰，拥有我所需要的足够空间，也没人让我帮他们做事。忽然之间，我内心变得非常平静，静下心来之后就能够真正学进去了，我开始理解我所看的内容。这让我很受鼓舞！如果没有考试，我可能永远都不会有这样的经历和感受。

> 复习时，我会前往商场的餐饮区，就着一杯卡布奇诺咖啡和一份蛋糕开始一个又一个小时的复习。这真是个逃离家里和孩子的好地方！

> 我确实在努力试着做些通常大家认为该做的事情，我吃得很健康，也会喝很多水。但我往往需要吃大量的糖和巧克力，才能够真正进入工作状态。事实上我们大多数人都会这样做，但我们的考试分数却并没有因此受到多大的影响。也许，我们就是需要这种能量，以便在备考时进行大量思考。

 思考

你能从这些学生的经历中学到什么？

结语

本章给我们提供了一些有计划的活动，指导我们理清备考思路，并帮助我们开始制订复习计划。这些内容为我们提供了一系列的工具，帮助我们形成最初的想法和计划。如果你已经运用了上述的活动和工具，那么你应该已经对以下问题有了一个初步的认识：

- 考试的目的。
- 你能从考试中获得什么。
- 如何以更积极的方式来看待考试。
- 复习过程中你所需要的材料和工具。
- 备考时适合你的学习环境。
- 必要的初始计划。
- 考试后你可以期待什么。

这些准备工作能为你指引备考思路，也能确保在你需要一些材料或工具的时候，可以方便使用。并且，做好心理准备与好的备考环境和做好复习笔记同样重要。在 Chapter 3 中关于这些内容还会有进一步的探讨，当你已经开始复习时，你可能需要参考这些内容。

如果你希望根据自身的实际情况，按照本章提供的内容建立一套适合自己的方法，可以通过本章的分类和标题找到最适合你的相关内容。如果这样能有助于你在复习中更专注地思考，并为你带来学习的动力，那就最好了。但需要注意的是，不要将本应该用于复习的时间花在一些替代性活动上，比如增加许多新的材料，或者制作时间表或任务清单等。

Chapter 3

进入"甜区"(1)：为巅峰状态做准备

学习目标

本章内容将帮助你：

- 思考进入"甜区"(the zone)的经历。
- 理解"巅峰表现"(peak performance)的概念。
- 发现你在接近巅峰状态的"关键点"(critical moments)时自己的反应。
- 在达到巅峰状态所需的条件中，评估你的个人特点。
- 制订计划来使你达到最佳状态。

考试成绩特别好的学生通常会营造一种精神状态，或被称为"心理空间"（mental space），这样的状态可以帮助他们提高考试时的表现。这种"心理空间"能帮助他们在复习中坚持不懈，也能帮助他们以不同的方式应对考试，提升其取得好成绩的概率。

优秀的田径运动员和从事其他运动的人，通常都会聘请教练或心理咨询师来帮助他们找到有助于达到自身巅峰表现的心理状态。如果能达到这种状态，就会产生一种特别的体验，也被称为"甜区"。在进行其他一些具有挑战性的需要大量个人投入的活动中，也可能会有这样的体验。比如在你为准备考试而学习掌握科目知识的过程中，也会有这种情况出现。

你可以通过开发自我意识、激发学习动力、提升专注力和找到推动力，使自己达到巅峰状态。这将意味着，你有可能达到自己都未曾想象过的高度。

许多人都明白一些相关的常识，知道怎样做才能达到巅峰状态。然而往往只有其中的佼佼者才能通过一套系统性的方法来坚持和实施这些常识。本书提供的一些思考、活动、计划和列表则提供了一个框架，使你能够更具系统性地计划和实施，以达到自己的巅峰状态。

巅峰状态

1. 什么是"巅峰状态"

"巅峰状态"指的是你个人最佳的或最理想的状态，如果在你可控范围内的所有事情都被处理到位时，你能够达到的最佳状态。这是一个具有潜在激励性的概念，是你努力的方向。它对你来说能否成为一种激励而非制约，主要取决于你对它的态度，和你对已知常识的掌握程度。

2. 绝对"巅峰"的挑战

达到巅峰状态是有挑战性的。最佳状态是你可能达到的最高水平，因此它需要你最大限度的投入：
- 你可用来复习的最长时间限度。
- 对这些复习时间最高效率的利用。
- 使用一切合法手段使你的智力达到最佳状态。
- 运用复习及考试的最优策略。
- 通过了解自己来达到你的最佳状态，包括你需要改进的方面，以及对你行之有效的策略。

3. 现实的"巅峰"

而现实中，想要在备考的方方面面都达到最大限度，往往是不太可能的。如果出现不能按计划进行的情况，也是很常见的。有时我们不得不去做一些计划之外的事情，比如，有时我们的身体状况不好，有时我们备考需要的东西没能得到。有可能你也没想在考试中达到绝对巅峰，因为对你来说或许还有其他更为重要的事情。所以说，在一个特定环境的考试中，究竟什么样的结果才是最理想的，是由你决定的。本书第65—68页详细探讨了制订一个现实的计划，对达到巅峰状态的重要性。

4. 报酬递减

你要想达到巅峰状态，不仅需要努力，还需要策略。在计划达到巅峰状态的时候，你要确保自己不会走到一个"报酬递减"的节点。这个节点在复习时是十分常见的，也极易辨认。即你明显感觉到自己用功的时间越来越长，回报却越来越少。当出现这种情况时，不同的学生会有不同的应对：
- 你可能会止步于此，因为继续下去已经没有任何意义。
- 你可能会继续奋斗，因为你还需要继续努力，尽管这一切看起来没有什么意义。
- 你需要短暂休息一下，或者换一种复习方法。

显然，此时短暂地休息一下，做一些活动，来一份小点心或饮料，或是换一个学习环境都能使你重拾活力,使你更有可能继续完成这一阶段的复习。经过了一周的学习后,短暂的休息能够使你以更充沛的精力和更多的兴趣,来重新开始投入下一阶段的学习。

然而,这样常识性的方法却很难付诸实施,因为考试的压力往往让学生很难允许自己有一刻的放松。因此,能够认识到在复习中有一个"报酬递减"点是很重要的,复习中要尽可能地使自己的时间利用率最大化,而并非单一地不断增加你的学习时间。

5. 从各方面着手

你可以通过制订更有效的复习计划,防止自己进入"报酬递减"点。也就是说,你需要找到复习和其他活动的平衡,因为这些活动能够使你的复习更有效率。

如果你是一位田径运动员,那么生活中每一个能有助于改善自己比赛当天状况的方面,就都是需要关注的。我们不可能看到一名运动员一脸疲倦和沮丧地出现在比赛现场,他们也不会因为没有时间吃饭而饥肠辘辘地上赛场,上场时手里还拿着一杯饮料,更不可能在上场前都还没有准备好相应的比赛装备。当他的教练问他为何以这么差的状态参加比赛,如果他说因为自己把所有的时间都用在准备比赛上,而没有时间去理会其他的事情,这样的回答显然是不能被接受的。

运动员、商业人士和

其他行业的人都逐渐意识到，如果只是一味头脑简单地着眼于某个任务最明显的方面，是很没有效率的。关注一些其他的相关方面，比如寻找精神动力、保证身体健康、保持生活和工作的平衡等，更有可能带来好的结果。

什么是"甜区"

1. 保持"流畅"

"甜区"指的是一种良好的精神状态和身体状态，在这种状态下，你所付出的一切努力都能以理想的状态推动你朝着最终的目标前进。契克森米哈[①]（Csikszentmihalyi）将这种状态称为"流畅"状态（in flow）。

在这种状态下，我们会有一种喜悦感。你会感觉很好、很自信，认为自己完全可以达到最好的状态，所有的一切都进行得很顺利，并能清楚地意识到自己在做什么。你的想法很积极，你的大脑敏锐而专注地思考着怎样才能考出好成绩。

2. 运动员与"甜区"

杰克逊（Jackson）和契克森米哈（1999）描述了当运动员完全投入一项运动中时的"流畅"体验。运动员的感受可能会是：

- **挑战与技术的平衡**。找到他们目前的技术水平与所面临挑战之间的平衡。

- **非凡的意识水平**。认为自己处在一次非凡的体验中，意识清晰度更高。

- **清楚你的方向**。有清晰的目标，知道如何获得成功。

- **专注于当下**。明确地知道现在应该做什么，才能有助于实现长远的目标，然后专注于这些该做的事情。

---

① 本书中出现的人名翻译均为音译。——译者注

- 掌握可控的事情。知道哪些事情是自己能够掌握的，并控制好这些事情，而不去过度担心在这些可控范围以外的事情。
- 专注于乐趣。在所做的事情中找到乐趣。

3. 只有运动员才会有"甜区"吗

许多关于"甜区"的研究都是跟体育运动相关的。然而，一项英国广播公司（BBC）的研究表明，在玩电子游戏时人们也会出现"阿尔法脑波"活跃度递增的现象。阿尔法脑波是一种与深度放松和冥想有关的大脑活动。这就意味着人们在专注于某一活动，并全身心投入其中时，是能够达到一种清晰而专注的精神状态的。一些学生也表示，他们在有些考试过程中，确实感受过这种"甜区"的精神状态。

什么是"考试甜区"

那些擅长考试的人通常都能找到某种方式，使自己顺利进入一种精神状态，来帮助自己达到最佳表现。"考试甜区"就是这样一种精神状态。当你进入"考试甜区"后，你会感到：

- 所有事情都在按计划进行，考试也会很顺利。
- 你能从整体上理解考试科目。
- 你知道单个部分的内容是如何嵌入整体的，那么"科目拼图"就完成了。
- 你可以快速地找出每部分内容的要点。
- 即使对有些内容和细节还不太了解，你也很自信，因为这些内容在考试中不大可能出现。
- 所有的信息在你的大脑中都可以被有效地整合，在需要它们的时候，比如考试时，你能够很容易地回想起来。

- 一种专业感，以及由此产生的愉悦感。
- 对已经掌握的知识逐步巩固，并能从中获取更多的信息，达到温故而知新，也更容易吸收新的知识。
- 对学科的相关知识充满求知欲。
- 有强大的动力，能够处理好休息、创造性娱乐、营养、时间管理等方面的事情，从而确保在备考和考试中都能取得成功。
- 对学科的思考更有创造力，能够从不同的角度来思考问题。
- 越来越清楚自己在做什么和能够做好什么，从而备受鼓舞。

> **思考**
>
> 此时，你觉得自己离"考试甜区"还有多远？
>
> 你是否觉得自己在考试中总是能发挥出最佳的水平？

学生的经历

> 当我已经为考试做好了充分的准备时，我是知道的。那就像我能鸟瞰整个的学科内容一样，我飞翔在学科知识上空，下面是一片缩小了的风景，所有我学过的细节内容都嵌在其中，我能一下子就看得一清二楚。

有的时候，当我连续好几个星期都在准备某个学科的考试，我会感觉到自己已经能从内部掌握这个科目了，那种感觉就像我能由内至外彻底地理解它，并且没有什么内容是我理解不了的。只要我愿意，我就能立刻弄明白。

当你进入"考试甜区"时，你会为这个学科而激动不已，并且渴望获得更多的相关知识。没有任何问题能难倒你，那些需要解决的问题都只不过是为了证明你有解决它们的能力而已。

当我开始准备一场考试的时候，我就会非常痛恨它。因为我知道，我将要为之投入多少，我的生活将要为之牺牲多少，才能达到最佳状态取得理想的好成绩。因为我知道，我想让自己的考卷成为所有人中最优秀的，我想让阅卷人看到我的考卷都大吃一惊，尽管我从来都不知道这些卷子到底有多好。但我这一切努力的好处是，当我的复习达到某一个节点时，所有的东西都开始发生变化，我从"学习"的状态转为"知道"的状态。我很喜欢那一时刻，那时我知道自己已经开始从骨子里理解和掌握了所学的内容。也知道在考试中我应该怎样做，知道怎样去分析考题，针对不同类型的考题又应该怎样作答。我甚至希望题目能出得更难一点，这样才会让我有充分锻炼一下脑力的机会。

那是一种很恰到好处的精神状态，你感觉斗志昂扬，已经准备好应对考试和考试带来的所有问题。不，还不仅如此，实际上我非常渴望能有机会比今年所有的人都考得好，甚至比以往所有的人都考得好！我想要那种大获全胜的感觉。

Chapter 3　进入"甜区"(1)：为巅峰状态做准备

> 📖 **思考**
>
> 看了这些学生的经历后，你对"考试甜区"有了怎样的理解？

"甜区"的关键时刻

达到"甜区"的运动员拥有更强大的自尊心和自信心，使他们能够抵御负面情绪的影响。因为当负面情绪出现时，运动员想要在比赛中的关键时刻保持专注力是相当困难的。

我们认为，能够在关键时刻防止负面想法从右脑传递到左脑，对达到巅峰状态是至关重要的。容易产生消极思想的运动员，进入"甜区"会比较困难。

当然，进入"甜区"并不是偶然的。它是一种思维架构或体验，能通过高强度的练习和对自我表现的不断反思来实现。乔克拉（Jokela）和哈宁（Hanin）认为，在比赛中表现最佳的运动员通常都能回想起，甚至能预料到自己在赛前的焦虑程度，这也使他们能更合理地处理好自己的焦虑情绪。

> 📖 **思考**
>
> 你是否发现，在"关键时刻"，自我怀疑或焦虑的情绪会使你分神？
>
> 你是否更倾向于把自我怀疑和焦虑情绪同其他自己可掌控的事情归为一类？这些负面情绪是否影响了你的表现？

>  思考
>
> 在"关键时刻",比如临考之前,或进入考场之后,你会如何处理自己的焦虑情绪?
>
> 你是否已经能很好地抵御自己的负面情绪,以便更加专注于最终的目标?如果还不能,你是否希望有所改善?

如何进入"甜区"

"甜区"是难以捉摸的。人们通常都能够描述当自己身处"甜区"时的感觉。但同其他非药物手段达到的兴奋状态一样,想要说清楚究竟应如何进入这种状态,就没那么容易了。然而,我们还是能找出处在"甜区"时的一些典型特征,并可以通过一些方式方法,来获得自己达到巅峰表现时一样的思维架构。这些典型特征包括:

- 自我感知。
- 反复练习。
- 自我超越的强烈愿望。
- 全身心地投入。
- 专注于当前。
- 清楚你的方向。
- 在关键时刻能控制焦虑情绪。
- 把握可控的事情。
- 乐在其中。

Chapter 3　进入"甜区"(1)：为巅峰状态做准备

本章接下来将详细介绍这些巅峰表现的具体特征，这些内容有助于提高你在考试中的表现。

巅峰表现的特征

在以下达到巅峰表现时会出现的具体特征中，你可以看看自己做到了哪些，还有哪些是需要进一步努力的。

1. 自我感知

> ☐ 我认为自我感知很重要。
> ☐ 我会有意识地让自己的自我感知更强。
> ☐ 我会主动监测自己的表现。
> ☐ 我会积极关注自己的态度。
> ☐ 我知道自己在复习中哪些做法是对的。
> ☐ 我知道自己在考试中哪些做法是对的。
> ☐ 我清楚自己在复习中哪些做法是错的。
> ☐ 我清楚自己在考试中哪些做法是错的。
> ☐ 我知道怎样保持强大的动力。
> ☐ 我了解如何保持自己对事物的兴趣。
>
> 在这方面想要有所改善，我还需要……

2. 反复练习

☐ 我在复习上花了大量的时间。

☐ 我用许多时间分析了历年的试题。

☐ 我用了很多的时间来思考试题的答案。

☐ 我用了大量时间练习回答考题。

☐ 我在自己认为比较难的部分花了不少时间，比如绪论和结论。

☐ 我练习时所处的环境与考试环境相近。

在这方面想要有所改善，我还需要……

3. 自我超越的强烈愿望

☐ 我给自己定下了要比上次考试更高分的目标。

☐ 我找到了取得更高分的具体方法。

☐ 我知道自己哪些方面还需要改进。

☐ 在自己需要改进的方面，我做出了实际的行动。

☐ 为取得更高的分数，我制订了具体的计划。

☐ 我为自己可能达到的进步创造了条件。

在这方面想要有所改善，我还需要…

4. 全身心地投入

- ☐ 我能专注于自己所做的事情。
- ☐ 我能将计划自始至终地执行。
- ☐ 在复习时，时间不知不觉就过去了。
- ☐ 我会规划自己的时间，以便保持专注。
- ☐ 我会通过制订复习计划来保持专注。
- ☐ 在复习的每个部分里，我都能发现要点。

在这方面想要有所改善，我还需要……

5. 专注于当前

- ☐ 为了取得成功，我会专注于当前需要做好的第一件事情，而不是光想着自己的最终目标。
- ☐ 我不会在一些无谓的事情上浪费自己的时间。
- ☐ 我十分清楚自己当下需要做的是什么。
- ☐ 我能有效地避免自己分心。
- ☐ 我的目标是在完成每一件事情时，自己能把它的各个方面都做到最好。

在这方面想要有所改善，我还需要……

6. 清楚你的方向

☐ 我清楚地知道自己要达到的目标。
☐ 我着眼于切实可行的考试目标。
☐ 我知道要想达到目标需要做些什么。
☐ 我有一个能够达到目标的可行计划。
☐ 我为达到目标制定了切实的具体步骤。

在这方面想要有所改善,我还需要……

7. 在关键时刻能控制焦虑情绪

☐ 我清楚自己在怎样的压力水平下才有最好的表现。
☐ 我知道哪些情况会引发自己的焦虑。
☐ 我能够控制自己的压力水平。
☐ 在关键时刻我仍能保持积极的心态。
☐ 即使感到焦虑,我也能迅速地调整好状态。

在这方面想要有所改善,我还需要……

8. 把握可控的事情

☐ 我会尽量避免陷于那些自己无法掌控的事情。

☐ 我会思考哪些成功的因素是自己可以掌控的。这些因素是：

☐ 我会尽量去把握那些自己能掌控范围以内的事情。我是这样来做的：

在这方面想要有所改善，我还需要……

9. 乐在其中

☐ 在学习中的各个方面，我都能找到一些自己感兴趣的点。

☐ 当我感到枯燥乏味时，我会找寻一些方法使学习变得更加有趣。

☐ 在学习大多数内容时，我都能真正地乐在其中。

☐ 我为自己设立了许多挑战和阶段性目标，这些都能为我每一阶段的学习增加动力与乐趣。

在这方面想要有所改善，我还需要……

以上这些内容，主要是激励你积极思考自己如何才能正确应对考试，乃至完成其他目标走向成功的方法。接下来的内容，将提供一个"5点巅峰计划"，来帮助你达到巅峰表现。

5点巅峰计划

下面的5点巅峰计划介绍了一些可以采取的实际行动，来帮助你进入"甜区"，达到巅峰状态。无论你在目前的考试中处于何种水平，这些行动都能帮助你有所提高。

要点	行动	详见
1. 想得到	• 控制你的态度 • 提升自我感知水平 • 保持平衡的观点 • 发现兴趣和乐趣	• Chapter 4 • 所有章节 • 第63—64页 • 第122—125页、第213—214页
2. 生活道	• 休息、营养、水分和运动 • 创造环境 • 获得他人的支持 • 规划时间 • 掌控压力	• Chapter 7、12 • Chapter 2 • Chapter 7 • Chapter 7 • Chapter 10
3. 知道	• 了解考试，了解考官想要什么 • 透彻理解你的科目 • 选择你真正需要的 • 将你的知识与具体的问题对号入座 • 找到最适合你的记忆方式	• Chapter 2、5、6、12 • Chapter 8，第155—161页 • Chapter 9、12 • Chapter 9、12 • Chapter 8、9
4. 看到	• 清楚考出好成绩对你的意义 • 在脑中预想一遍考试过程 • 憧憬最后的成功	• 第26页 • Chapter 11 • Chapter 11
5. 做到	• 采用适合自己的复习策略 • 有效地学习相关知识 • 练习考试题型 • 有效利用复习时间 • 考试时间的高效运用	• Chapter 7、10 • Chapter 7、9 • Chapter 9 • Chapter 7、8、9 • Chapter 9、12

进入考试甜区：理解计划

要点	行动	对我意味着
1. 想得到	• 控制你的态度 • 提升自我感知水平 • 保持平衡的观点 • 发现兴趣和乐趣	
2. 生活道	• 休息、营养、水分和运动 • 创造环境 • 获得他人的支持 • 规划时间 • 掌控压力	
3. 知道	• 了解考试，了解考官想要什么 • 透彻理解你的科目 • 选择你真正需要的 • 将你的知识与具体的问题对号入座 • 找到最适合你的记忆方式	
4. 看到	• 清楚考出好成绩对你的意义 • 在脑中预想一遍考试过程 • 憧憬最后的成功	
5. 做到	• 采用适合自己的复习策略 • 有效地学习相关知识 • 练习考试题型 • 有效利用复习时间 • 考试时间的高效运用	

1. 执行计划

5点巅峰计划应该灵活地运用，并不需要绝对遵照执行。因为计划中每一部分的具体内容，都取决于当前你所擅长的专业知识，包括你愿意将哪些内容写入计划，以及能够将哪些内容写入计划。如果你已经看过导读部分和Chapter 2内容的话，那么你可能已经开始在执行计划的过程中了。

2. 个性计划

附录 4 提供了一份具体的 5 点巅峰计划表，你可以根据自己的需要、可获取的资源和个人风格来填写具体的内容。

 结语

你在备考过程中，有时会很想待在别的地方干点儿别的事情，这种能让你达到巅峰状态的最大的特征，往往就是此时你能够调动起自己对复习和考试的积极性的关键因素。当然，大家都知道达到巅峰状态不是一件容易的事情。但是，如果你制订了一份能让自己对目标保持专注的计划，会是很有帮助的。如果你能预见在备考过程中会遇到的困难，并事先准备好了能够使自己保持学习动力的应对策略，那么你就不仅能够更容易达到目的，而且那些"困难的日子"也会减少很多。

另一个让你建立起良好心态的重要方式，就是提升自我感知水平。你越了解自己、学习的动因和负面情绪的产生原因，你就越能主动创造环境和条件，来保持与改善积极的思维架构。在下一章，我们还会进一步探讨以上这些主题。

Chapter 4

进入"甜区"(2):
巅峰状态的思维架构

学习目标

本章内容将帮助你:
- 理解态度在考试表现中的重要性。
- 提升你对考试态度的自我感知水平。
- 找到可能提升或妨碍正确思维架构的动因。
- 理性地看待考试。
- 制定切实可行的目标。

本章内容主要探讨了 5 点巅峰计划中的第 1 点——"想得到",帮你寻求各种方法,从而建立起能提高自己考试成绩的最佳思维架构。

在状态好的日子中,我们对自己在考试中的表现会充满信心,这样的日子并不难度过。然而,真正的挑战则来自如何在你状态差的日子里也能发掘正面情绪,并将这些正面情绪转化为对自己想逃避的那些任务的兴趣和热情。

这也是那些成绩好的人所擅长的部分。对此,他们通常会有更强的自信心和决心,即使他们可能从未告诉过别人这一点。这里提到的自信心,并不是指肤浅而轻率的自吹自擂。恰恰相反,它是在深思熟虑和大量经验积累的基础上,建立起来的高度的自我感知,这种自信心会让你更加专注于寻找提升自我表现的方法。

如何获得良好的表现,你的态度至关重要。态度就像一种滑溜溜的东西,在我们最需要去掌控它的时候,却总是难以把握——常常看起来似乎是态度在控制着我们,而不是我们在掌控着态度。

本章内容提供了一些方法让你认真思考你的态度,以便你能掌控它,并将它有效地运用到达成考试目标的过程中来。

掌控你的态度

1. 为什么态度很重要

我们在前面说过,运动员的成功与心态是密切相关的。同样的,要在生活的其他方面获得成功,态度也是一个至关重要的因素,在考试中也是如此。例如,范·奥沃里(Van Overwalle)曾在学生们开始学习课程和考试结束后,与他们进行了相关讨论。那些有着较高学术自信的学生会更加期待成功,也会采用更有效的学习策略考出自己的最好成绩。

Chapter 4　进入"甜区"(2)：巅峰状态的思维架构

学生们在谈到态度的时候，通常会认为它是自己性格中与生俱来的，是不能改变的。然而，掌控自己的态度是很重要的。如果做到以下几点，你就能更好地控制自己在考试中的表现：

- 记录你对复习和考试的态度。
- 注意让你对复习和考试产生焦虑或其他负面影响的情绪变化。
- 能意识到哪些因素会影响你的态度、情绪和动力。
- 探索适合你的，并能改善你复习态度和考试态度的方式。
- 当你意识到怀疑、焦虑和沮丧等类似感觉时，能够立刻采取行动，来改变这些态度、情绪或感觉。

2. 想得到

5 点计划中的第 1 点是"想得到"，这意味着你对成功要有足够的渴望，这样才能为之计划，为之努力，为达到目的将其他事情都放在一旁，也会为之在思想上和生活方式上做出改变，而不仅仅局限在对复习材料的学习中。

如果你想在考试中取得更好的成绩，必须判断考试对你究竟有多重要。在考试中取得好成绩的人，大多都有强烈的渴求成功的愿望，为了得到最好的结果而不惜投入时间和精力。他们很清楚考试结果对自己的短期目标和长期目标的重要性，以此来帮助他们专注于能让自己走向成功的实际行动。

3. 如果你想得到

你就需要：

- 知道考试为什么对你很重要（详见第 26 页，"考出好成绩"对我意味着什么）。
- 相信考试的重要性。
- 专注于短期目标时，努力将目的清晰地记在脑中。

考试是怎样影响我的

请按照 0~5 分给以下影响你的方面打分，5 分是积极程度最高的，0 分则是最低的。

	影响你的方面	积极程度
1	对考试的恐惧	不恐惧·············非常恐惧 5　4　3　2　1　0
2	对考试的厌恶	享受考试·············痛恨考试 5　4　3　2　1　0
3	对考试取得好成绩的动力	有很大的动力·············毫不在乎 5　4　3　2　1　0
4	对证书价值的看法	非常有价值·············没有任何价值 5　4　3　2　1　0
5	对考试好处的认识	有很大好处·············看不到好处 5　4　3　2　1　0
6	在备考中找乐趣	很有乐趣·············毫无乐趣 5　4　3　2　1　0
7	对备考中学习的看法	很有帮助·············没有任何帮助 5　4　3　2　1　0
8	在下一场考试中取得好成绩的信心	很有信心·············没有什么信心 5　4　3　2　1　0
9	我能投入到复习中，从中发现乐趣	正是如此·············事实并非如此 5　4　3　2　1　0
10	在每场考试中都取得好成绩的想法给我很大的动力	很有动力·············毫无动力 5　4　3　2　1　0
	总分	

下面我们就来详细地解读一下你的得分：

1. 40 ~ 50 分之间

获得这个区间的分数，意味着你运用了非常积极有效的方法来应对考试，这会是一笔真正属于你的财富。如果你的分数测量准确的话，那么你是绝对有能力来度过考试这一艰难时刻的。

2. 30 ~ 40 分之间

得到这个区间的分数，表明你的思维方式十分正面和积极。这种思维方式有助于你的复习和考试，而你还需要重点考虑的是那些得分较低的方面，以及你如何运用积极的思维方式来进一步改善自己的态度。

3. 20 ~ 30 分之间

如果你获得这个区间的分数，那么表明你思维方式的积极程度处于平均水平。在状态好的时候，这种心态会对你的复习考试有所帮助，但当你感觉无聊、没有学习动力、疲倦或分心的时候，你就可能会觉得很难坚持下去。因此，花一些时间来思考如何提高你的投入度和增加自己的动力，是非常值得的。

4. 10 ~ 20 分之间

如果你的分数在这个区间，表明你思维方式的积极程度较低。以你现在的状态，可能会较难静下心来复习中保持全神贯注。然而，你可以采取一些行动来改善自己的状态。你可以从接下来的几页内容着手，也可以从第 54 页的表格中选取一两个方面为出发点，来更深层地思考自己的态度。

5. 0 ~ 10 分之间

处于这个区间的分数，表明你思维方式的积极程度非常低。你还需要在第 54 页表格中的所有或者大多数方面努力，才能取得好成绩。接下来的几页内容，可以帮助你从更具体的方面思考自己的态度。如果你感觉学习动力不够，可以和大学里负责学生工作的辅导员聊一聊，也许会有帮助。

> 📖 **思考**
>
> 你在哪方面得分最高？这对你有何帮助？
>
>
>
> 你在哪方面得分最低？
>
>
>
> 要想改善你的态度，从哪个方面着手最切实可行？

监测你的态度——积极的迹象

监测你的态度是很有必要的，这样你就可以随时知道自己是否一直处于充满动力的状态中。因为我们的情绪和态度，常常会在我们没有注意到的时候发生变化。久而久之，就会很难发现在什么时候需要给自己鼓鼓劲了。对自己的态度稍微监测一下，可以帮助我们确保一切都没有偏离轨道。

> **积极的迹象**
>
> 在复习过程中，处于积极的情绪中时，你最有可能出现以下哪些迹象？
>
> ☐ 发现自己很渴望着手开始学习。
> ☐ 有时会觉得自己很享受学习。

Chapter 4 进入"甜区"(2)：巅峰状态的思维架构

- ☐ 渴望与他人分享自己所学到的内容。
- ☐ 能坚持自己的学习时间表，学习时间甚至会比计划的更长。
- ☐ 能记住所学过的大部分内容，几乎不需要提示就能回想起来
- ☐ 表现出压力较小的迹象（详见第191—194页）。
- ☐ 清楚自己复习和考试的动力。
- ☐ 复习时，时间不知不觉就过去了。
- ☐ 即使没在复习，我仍然会继续思考着与科目相关的内容。
- ☐ 感觉自己花的时间富有成效。
- ☐ 为了学习，我能暂时放弃其他活动。

 思考

你是否经常注意到这些积极态度的迹象？

你还会表现出哪些其他积极态度的迹象？

监测你的态度——状态不好的日子

在复习时和临考前，即使我们有良好的意愿，也可能出现差错。比如，我们可能会感觉无聊、失去信心或因为一些关于考试和考官的传言而感到沮丧，我们可能需要用比预计的更长时间来复习一个科目，也可能发现有一些需要复习到的内容并不在一开始的复习计划中。能够预计到会出现的阻碍或状态不好的日子，对我们来说是很有帮助的。因为这样我们就能将其事先纳入计划，并及时发现这些迹象，予以应对。

警示的迹象

想想在你动力不足的时候，会出现以下哪些迹象？

☐ 会找一些学习之外的事情做。

☐ 坐下来开始复习时，浪费了很多时间。

☐ 提早结束了学习。

☐ 一想到要复习，就感觉郁闷和沮丧。

☐ 不愿看到自己的复习时间表。

☐ 记不住自己学过的大部分内容。

☐ 白日梦、乱写乱画和一些浪费时间的其他事情，总是会让我分心。

☐ 因为学习，总是在向他人抱怨和诉苦。

☐ 感觉自己白白浪费了很多时间。

☐ 一直都有想放弃的念头。

☐ 表现出很有压力的样子（详见第191—194页）。

态度监测策略

你可以通过以下方法，来监测自己的态度：

☐ 坚持写日记，并且每周都会回顾。

☐ 问亲戚或者朋友，我都是如何谈论自己的复习或考试的。

☐ 请亲戚和朋友在我说到学习就感觉消极和沮丧时提醒我。

☐ 每天用一定的时间，来测试自己对复习和考试的整体态度。

☐ 其他方法（具体写出来）：

造成消极态度的动因

不同的状况和环境，会激发我们去改变自己的态度。如果我们能意识到哪些动因会激发消极的情绪，就能更好地做准备，在我们失去动力之前处理好情绪的变化。圈出下列你认为会在复习和考试中对自己的态度产生消极影响的内容。

对复习感到无聊	担心会让别人失望		对自己失去信心
对将要学习的大量内容感到不知所措	在晚上学习	为一些有关考试的传言而沮丧	感到饥饿
给自己施加太多的压力		其他动因：	其他动因：
总想着别人有多聪明	总是觉得自己做得不如预期的好	其他动因：	其他动因：

对付你心里的"小鬼"——对抗消极因素的办法

	消极因素	对付"小鬼"的方法
1	对复习感到无聊	• 将复习任务分解成时间长短不一的各种学习活动。 • 给自己制定一个容易达成的目标，以制造更多的挑战。比如在一定时间内要阅读多少页资料，或将资料做成更简短的复习笔记。
2	担心会让别人失望	• 找出每一部分复习内容的重点。 • 为自己制定以 10~15 分钟为单位的学习任务。
3	给自己施加太多的压力	• 专注于短期的任务而不必去想最终的结果。 • 阅读关于理性看待考试的内容（详见第 63—64 页）。

（续表）

	消极因素	对付"小鬼"的方法
4	总想着别人有多聪明	• 记住其他人的能力和你的表现并没有关系。 • 大家所认为的"聪明"中的许多方面，都能随着时间推移和通过不断练习而获得。
5	总觉得自己做得不如预期的好	• 如果你发现自己在这样想，应立刻停下飞驰的思绪，转而专注一些其他的事情。 • 提醒自己你做得好的部分。 • 关注你能做什么，以及你已经学会了什么。
6	感到饥饿	• 确认你的食谱是合理的，其中应包括可以被人体缓慢吸收的碳水化合物、蛋白质、蔬菜和水果。 • 在你吃点心时，顺便休息一下。 • 在你可以吃一些水果和点心的地方学习。 • 喝大量的水。
7	对将要学习的大量内容感到不知所措	• 设计一个合理的复习时间表，并遵照执行（详见第120页）。 • 作为制定复习时间表的一部分，将你的科目分成不同的主题和内容。 • 不要去学习比所需更多的知识——你需要有选择性地学习。 • 多角度地去学习有限的内容，而不应以粗浅的方式学习太多的内容。
8	为一些有关考试的传言而沮丧	• 有人会故意利用别人的担忧来"吓倒对手"。和那些散播考试传言的人保持距离，并忽略你所听到的传言。 • 阅读关于考试迷思章节的内容（详见 Chapter 5）。
9	对自己失去信心	• 与你信任的人和对你友好的人谈话。 • 积极专注于能使你取得好成绩的事情，而不是杞人忧天地想着可能会发生的不好的事情。 • 列出一个"你能够做好的50件事"的清单，把它放在你每天随处可见的地方。 • 写出你在"状态好的日子"中能想到的最能增加动力的想法，并把它们放在每天都能看到的地方。
10	在晚上或白天学习	• 观察一下，随着时间的推移，当你形成了每天在某个固定时间段学习的习惯后，能否让你更容易坐下来学习，抑或是改变一下你每天的学习时间，效果会更好。 • 如果你想要将一天的某个时间段空出来，可以在你能够于那个时间段做自己喜欢的事情的日子里进行。 • 看看你是否在白天或晚上的某个特定时间段复习会更有效率。

Chapter 4 进入"甜区"(2)：巅峰状态的思维架构

造成积极态度的动因

在复习和考试时，有一些状况和环境更能够促进积极的态度。最好能在"状态好的日子"将这些状况和环境加以记录，以便在复习感觉较为困难的日子里回顾一下。首先，找出那些对你有用的积极动因；其次，思考用什么方法可以保证这些动因可以比较容易地实现和激发。圈出下列你认为在复习和考试中，会对自己的态度产生积极影响的动因。

- 能记得比我预期做得更好的时候
- 回顾我已经学会了多少
- 能意识到自己已经进步了的地方
- 对理解科目知识感到愉悦
- 当完成阶段任务时会奖励自己
- 和他人一起学习
- 想想考完试后我要做什么
- 在每个科目中都能找到一个兴趣点
- 思考如果能通过考试我会得到什么
- 想象我在考试中漂亮地回答问题
- 意识到自己的专业知识在增加
- 想象我得知自己考出了好成绩
- 想着如果考试通过，我就不用再复习一遍了

积极动因及奖励

> **思考**
>
> 回顾你在上面圈出的积极动因,思考如何将这些动因植入自己每部分、每天、每周的课程复习之中。

1. 阶段性奖励

为了激励自己去学习,一些人会在复习时间表的关键阶段给自己适当的奖励。例如:

- 只有在完成一定时间量的复习或者完成了某部分复习时,才让自己稍微休息一下,或者吃块小点心。
- 只有在复习了没么有趣但又必须完成的内容后,才开始着手那些更有趣的话题及活动。
- 在晚上或者其他固定时间安排一些活动,在复习中制造适当的休息时间。
- 列出考试一结束你就能看的书籍、电影。
- 计划考试后的派对或者假期活动。

2. 推迟满足感

能考得好成绩的人,通常都善于推迟自己的满足感。换言之,他们能始终专注于主要目标,即使他们并不那么享受达到目标的过程。他们将奖励和空闲时间推迟,尽管在短期内他们可能无法享受这些,但他们却能看到推迟这一切所带来的更长远的好处。如果你能将复习带来的长期好处放在心上,那么你就会更容易制订复习计划,可以让自己在达到目标前能一直保持学习动力。

3. 找到内在的奖励

最有效的"奖励"来自完成任务本身的愉悦感,而不是来自外部的奖励。如果这种感觉不能自然而然地出现,那么可以思考以下问题:

- 学科本身的趣味在哪里?
- 这一学科中涉及的知识能怎样运用到其他学科当中?
- 将来你还可以怎样运用这些信息?

理性看待考试 (1):平衡

能否在考试中取得好成绩,主要取决于你能否在保持强大的学习动力和理性看待考试之间取得一个良好的平衡。虽然高分往往意味着长时间的复习、辛苦的努力和强烈渴望成功的干劲,但同时我们也需注意不要将目光只局限于大学和考试,而忽略了更广阔的视野和每天生活的世界。

考试的重要性	平衡——理性看待考试
考试对于获得学位十分重要。	从更广阔的意义上来说,健康、快乐、朋友、家人和幸福感更重要。
考试能衡量学术方面的成功。	考试并不是衡量学术成功的唯一标准,理解知识内容并知道应该如何正确运用更为重要。
考试能反映出你学会了什么。	通过了考试与掌握了你需要学习的知识,并不是一回事儿。
考试有助于增加人生的机会。	长久的职业发展、高薪和考试成绩没有必然联系。
考试能带来成就感。	通过考试和获取学位本身并不能带来快乐、健康和幸福。
考试反映出你的勇气、耐力及克服困难的能力。	参加考试就能反映这一切,而不是通过考试的某一分数。
考试能培养通用的能力,如时间管理和在压力下工作。	尽管取得好成绩意味着投入许多的时间和努力,但更重要的是你要保证睡眠、适当休息、制造乐趣,从整体上保持身心愉悦。过长的学习时间通常不会带来好处,甚至可能会适得其反。

理性看待考试（2）：提醒

- 圈出下列你认为在生活中，除了考试之外同样重要的事物。
- 增添你觉得重要的其他事物。
- 当你觉得自己过分看重考试时，可以回到这一页来提醒自己。

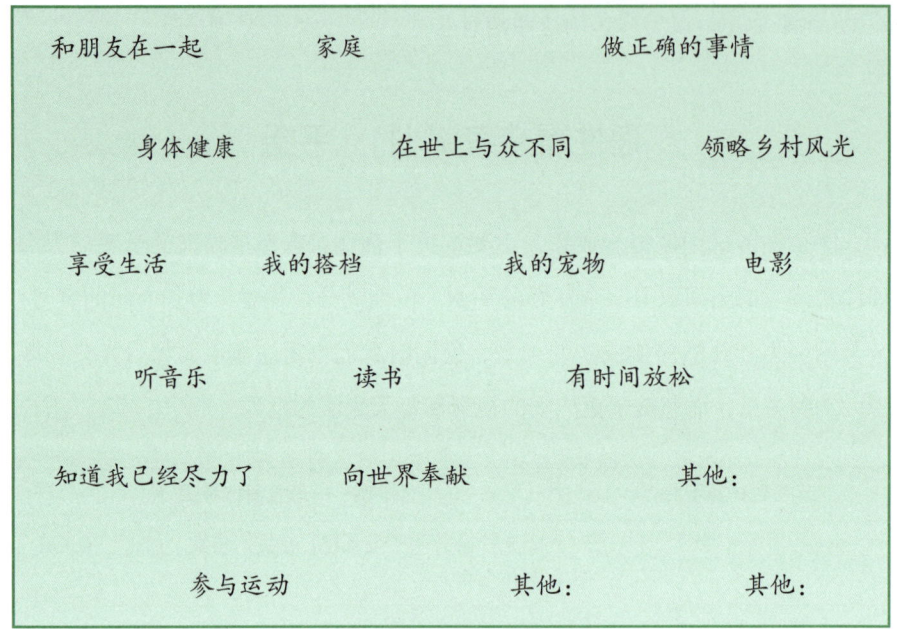

自信与平衡的目标

1. 估计与自信

如果你对挑战的估计和你对自己迎接挑战能力的估计相符，你就更有可能达到巅峰表现。无论你的真实水平如何，这种估计都会影响到你在应对某个具体挑战时的自信。

杰克逊和罗伯茨（Roberts）发现，当运动员认为任务对他们来说太难时，往往表现得最差；而当他们认为自己的能力足以应对时，往往表现得最好。

Chapter 4　进入"甜区"(2)：巅峰状态的思维架构

即便是他们的实际能力水平应付起来绰绰有余的任务，如果运动员认为这个任务对他们来说太难了，表现也会大失水准。

2. 平衡的目标

一个平衡的目标，一方面能够给你提供动力，另一方面还能在达到目标的困难程度和达到目标所需的能力之间取得一个平衡。

如果将目标设定得过高，会使这个过程更加乏味，这会使我们更难保持专注，也更难从中获取乐趣。太难的目标会增加焦虑感，从而影响我们的发挥（详见第194—195页关于应对压力的内容）。

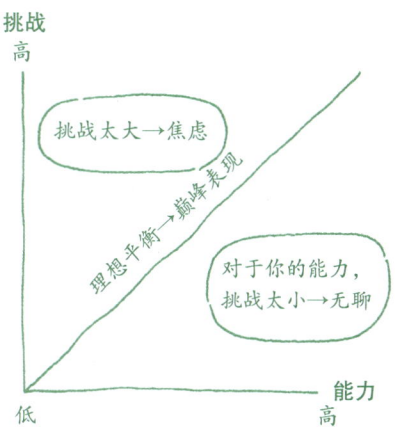

资料来源：哈代、琼斯和古尔德，1996。

3. 理想的表现状态

哈代（Hardy）、琼斯（Jones）和古尔德（Gould）用"理想的表现状态"来指代运动员在感觉进入"流畅"状态时所拥有的积极感觉。这种感觉来自一个合理的平衡的目标，以及认为这种平衡会对你有用的想法。

切实可行的目标

如果设定的目标是切实可行的话，你就更会认为这一目标是可以达到的。这意味着，我们确实需要设定富有挑战性的目标，但同时这个富有挑战性的目标必须是切实可行的。而在考试中，能代表达到巅峰状态的成绩，对每个人来说都是不同的，具体如下表所示。

目标 A 哪个目标是你可以达到，但仍然具有一定挑战性的？（选择一个）		理由 写出你将目标设在这一水平的具体理由。
1. 只是去参加考试	☐	
2. 做完试卷	☐	
3. 差一点儿及格，还要重考	☐	
4. 刚刚及格	☐	
5. 轻松通过	☐	
6. 成绩不错	☐	
7. 成绩很好	☐	
8. 成绩优异	☐	

目标 B 哪个目标是你可以达到，但仍然具有一定挑战性的？（选择一个）		理由 写出你将目标设在这一水平的具体理由。
1. 充分准备考试	☐	
2. 答完试卷上要求作答的所有试题	☐	
3. 做出尚可的答案	☐	
4. 至少很好地答出一道题	☐	
5. 很好地答出几道题	☐	
6. 很好地答出所有的试题	☐	
7. 给出漂亮的答案	☐	
8. 所有的作答都非常漂亮	☐	

Chapter 4　进入"甜区"(2)：巅峰状态的思维架构

几成把握

对于你在第 66 页所定下的目标，你有几成的把握？

打分标准：10 分为非常可能达到，0 分为不可能达到。

0　1　2　3　4　5　6　7　8　9　10

思考你做出的预估，如果感觉把握不大，想想为什么会出现这样的情况。是你质疑自己的能力，还是有其他原因？

思考

你给自己定下的目标是否过难或者过高？

如果要完成第 66 页上更高一级难度的挑战，你需要做出怎样的改变？

完成第 68 页中的表格，然后思考要达到目标，你愿意承受的压力水平和愿意为之付出的努力，是足够了，或太小了，还是太大了？

你的目标是否切实可行，取决于你愿意承受的压力和愿意付出的努力。请在下表中根据你选择的压力及努力程度，选出你认为自己可以达到的最高成绩。在下表中符合你情况的方框中打钩。

目标		压力水平		努力程度	
只是去参加考试	☐	没有压力	☐	没有努力	☐
做完试卷	☐	压力较小	☐	很少努力	☐
差一点儿及格，还要重考	☐	有一些压力	☐	有些努力	☐
刚刚及格	☐	适度的压力	☐	适当努力	☐
轻松通过	☐	颇有压力	☐	比较努力	☐
成绩不错	☐	压力较大	☐	较大努力	☐
成绩很好	☐	压力非常大	☐	非常努力	☐
成绩优异	☐	压力极大	☐	极其努力	☐

长期目标（为什么）与当前任务（怎样做）

要达到巅峰状态，还需要保持长期的动力目标与当前任务之间的平衡。

我们都知道，长期目标能给人以动力。然而，我们也容易忽略为当前的任务找到动力的重要性。如果我们不能专注于当前的任务，想达到的最终目标可能会变得遥不可及。换句话说，我们的目标或者想要达到的巅峰状态，需要通过当下所付出的努力来实现，而不是我们未来某个时候打算要做的事情。

1. 长期目标

"长期目标"很重要，因为它能够：

- 提供动力和目标感。
- 在学习遇到困难的时候提醒自己，为什么还要坚持下去。

- 回答"为什么"的问题。

2. 当前的任务

"当前的任务"很重要,因为它能:

- 完成具体的事情。
- 完成达到最终目标所需要的每个步骤。
- 避免出现无助的感觉。
- 防止你承受不了由于长期目标带来的巨大压力。
- 回答"怎样做"的问题。

3. "为什么"与"怎样做"

虽然最终的目标能一次次提醒你动力所在,但它也可能会使你不能集中精力做每天该做的事情。在一些关键时刻,它甚至能让你感到无法承受或筋疲力尽,因为你总在想着如何才能做到"完美""最好",怎样才能拿到第一或考出最高分。

一旦你制订出一个达到"巅峰状态"的计划,你最好专注于完成这个计划。如果你总是去想共有多少内容需要复习,那么就会让备考看起来更像一件不可能完成的任务。应该将注意力放在今天的计划是什么,今天要怎样复习,以及你应该怎样保持专注等内容上。因为这些是你更有可能完成的任务。

同样的,无论是在考场上,在比赛马上要开始前,还是在马上就要上台之前,最好的做法就是思考你怎样才能更好地完成当前的任务和实现它的每个步骤,而不是考虑太多最终你想获得的结果。

 结语

拥有对考试的正确态度是你的一笔财富,而这种态度是每个人都能培养起来的。如果你天生对考试没有积极的态度,并且此前你的考试成绩也不理

想的话,那么现在也许是时候开始控制自己的态度,使它对你更有利。

正确的态度并不是凭空出现的。如果你知道自己在备考的其他方面都做得很好,那么你会发现处在一个态度积极的状态中,一切会变得更容易。你可能遇到"状态好的日子",这时是更容易拥有积极心态的。在这种日子里,记录下你的积极情绪并将它们的作用发挥到最大,这是很重要的。如果你能在需要的时候控制自己的态度,会给你的备考过程和考试的发挥都带来积极的变化。

如果你跳过了 Chapter 3 的内容,那么现在回过头去阅读一下这一章的内容,也许会对你有所帮助。因为你可以利用这一章的内容,制订更加系统性的学习计划,从而取得你有可能达到的最好成绩。

Chapter 5

考试的迷思与现实

学习目标

本章内容将帮助你：

- 解密考试过程。
- 知道该如何解读关于考试的传言，以及这些传言是怎么产生的。
- 更清楚地了解人们应对考试的各种方法。
- 面临想让自己动摇的潜在意图时，保持和加强你的自信心。
- 辨认出不利的态度及策略，这样你就能及时避免它们。
- 为不同方面的考试找到相应的应对方法。

"5点巅峰计划"（详见第48页）中指出，要想达到巅峰状态，提升自我感知水平、了解考试和考官都是十分必要的。如果想建立起对挑战更全面的理解，那么解密考试过程是非常重要的一部分。

面临考试，我们总是会听到一些关于考试的谣言。这些谣言的产生有各种各样的原因，有时是因为一些学生不愿意让别人知道自己有多用功，他们更愿意让别人认为自己取得的成绩不费吹灰之力。这样，如果他们考得不好，就能说是因为自己并没有努力所致。而如果他们考得好，则会让别人觉得更为惊奇。

我们在面对考试时，有可能会感觉自己陷入了一片黑暗之中。那是因为我们不知道在考试那天会遇到什么样的问题，也不知道该怎样回答这些问题。这时，我们就会觉得对结果几乎没有任何把握。正因为如此，我们在面对传言的时候也就更容易受到影响，更有可能盲目地到处去抓救命稻草。尽管我们知道有些消息很可能只是传言，但我们却又无法完全肯定这一点。这会让我们在考前不知道能做什么或者不能做什么，应该做什么或者不应该做什么。

通常，传言里会有一丝真实的成分，这就会让传言总是能扰乱我们，尤其是在我们不确定应该相信什么的时候。本章将会讨论一些常见的传言，提出一些可行的应对策略。

考试迷思

思考在下列的传言中，哪些会与你相关。这些迷思在后面的内容中，还会有更详细的阐述。

Chapter 5　考试的迷思与现实

1. 别的学生"天生"就很会考试。

2. 其他人都不在乎考试。

3. 所有人都痛恨考试。

4. 某教授总是会让选他课的学生半数不及格。

5. 考试是学习中最重要的部分。

6. 如果考试不及格，就说明我很笨。

7. 别的学生也都还没有开始复习。

8. 我可能为考试准备了过多的内容。

9. 如果记忆力不好，考试就会不及格。

10. 考试只能测验出我可以写得有多快。

11. 我漂亮地答出一道题，就可以少答几道题。

 思考

你是否容易受到考试迷思和传言的影响？
你怎样应对这些即将到来的关于考试的迷思和传言？
你是否也有一些与自己表现有关的迷思？它们是什么？你应该怎样应对？

学生的经历

> 姐姐说她都在房里看电视,我很惊奇她是怎么能通过考试的。以前我总觉得,这是因为她比较聪明,而我比较笨,因为我总是用功到很晚。后来我才发现,她只是把电视开着却没有看,她会额外用功至深夜。我不明白她为什么要掩饰这一点。

> 在大学里,总有那么一群学生是喜欢让所有人都为考试而担心的。他们总是在说,诸如去年有多少学生因为考试成绩不及格被学校开除了之类的事情。上学期,他们说去年那一届学生的考试成绩太高了,使得出题者认为试题出得过于简单了,因此今年的试题将会出得更难。其实,这都是他们自己编造出来的,今年的试题并没有变难,但许多人在考试前却因为这些传言而变得非常不安和焦虑。

> 不同的课程之间似乎都有一个比赛,学生们以此来证明自己所学的课程是最难的。如果说在他们的课程上有很多人不及格,或者要在这门课中取得好成绩特别难。那么,我们就会觉得,他们比我们更聪明,因为他们选了一门如此难的课程。其实,你知道这不是真的,但你在听到别人在谈论这件事时,又觉得好像它确实是真的一样,于是就会变得不那么确定了。

> 我们班有个学生说,他每门考试从来都只写一篇长的议论文题。而他一直都是我们班的第一名,所以我会觉得也许这才是应对考试更好的方法。但我又会想,如果其他学生为了取得更好的成绩,都按照他所说的来做,万一他说的不是真的,他们很有可能会不及格,那么他是否就会显得更优秀了呢?

> 我觉得那些年轻的学生根本不会担心考试，因为他们刚从学校出来，都已经很习惯考试了。而对我来说就不一样了，我得向我的孩子们证明我行，如果我一把年纪了还考试不及格，就更难看了。

> 我们班上有些年长的学生，他们并不会为了要向别人证明什么而担心，因为他们已经很有生活经验了。他们和我们面临的压力不同，因为当我们从学校毕业时，我们只能靠考试的成绩来证明自己，而且他们的父母也不会无时无刻地监督着他们。

> 听说有一年，曾在考前最后一刻更换了考试题型，因为有人偷走了试卷。虽然我们并不知道这意味着什么，也打听不到什么别的消息，但我们都很担心，尽管最后发现这不是真的。

迷思（1）：别的学生"天生"就很会考试

1. 天生的能力

即使是在运动这样一个大家公认有天分存在的领域，也还是有人认为天分并不能代表全部。因为获得金牌事关国家荣誉，所以国家会投入大量的时间和金钱，使运动员的心理状态和身体状态都能保持最高的水平，从而让他们拥有比其他竞争对手更多的优势。

在过去，人们对考试和体育运动的成功有着截然不同的看法。那时大家认为，在学术领域的考试中能取得好成绩证明这个人很聪明，而因为聪明才智在当时被认为是天生的，所以很少有人用心理学和策略方法来增加自己成功的概率。

对于聪明才智到底有多少是天生的，又有多少是后天因素和外部因素可影响的，不同的研究有截然不同的结论。而常识告诉我们，有一些行为、活动和思维方式更有可能导致成功或失败。

2. 所有人都能运用的策略

在那些一向能考得好成绩的学生中，很少有人是仅凭自己的天分取得成功的，艰苦的努力、有效的策略和强大的动力更能让你考试成功。在你那些成绩好的同学中，大部分人的成功都来自你和其他同学完全可以掌握的一些因素。这些因素包括：

- 系统性的准备和练习。
- 充足而高效的学习时间。
- 自信。

迷思（2）：其他人都不在乎考试

通常情况下，学生们都是独自准备考试的，因此会轻易认为，别人都比自己做得更好。事实上，在考试前，大量的学生都有过类似的感受和经历。他们大多也都曾有过以下的感觉：

- 担心自己会考不好。
- 后悔没有更早开始复习。
- 觉得复习很无聊。
- 对于要完成所有的学习内容感到绝望。

Chapter 5　考试的迷思与现实

• 担心自己在浪费时间，而没有真正进入复习。

• 担心自己不能记住已经学过的内容。

• 担心自己不能记住老师在课堂上讲过的所有内容，或者担心自己漏掉了关键的部分。

• 发现自己经过了几个小时的学习后，却没有记住任何东西而感到沮丧。

你觉得考试很难或者考试难以令你感到愉快，绝不止你一个人会有这样的感觉。在某些时刻，大多数人都会惧怕考试，想着到底怎样才能挺过去，或希望自己被送到别的地方就可以逃避考试了。其实，就算是那些在考试中取得好成绩的人，也不一定都享受考试，也不一定都能高效地利用他们的时间，或是有效应对自己的压力。

 思考

前面的这些描述是否也反映了你的感受？这样的感觉是一直有，或是大多数时候都有，还是偶尔会有？

你是否总觉得别人比自己准备得好？

迷思（3）：所有人都讨厌考试

这其实并不是事实，只有一部分人是这样的。

学生害怕考试，这并不少见，当然也有一部分人确实讨厌考试。然而，大家也会用不同的办法来应对考试。例如，他们会：

- 享受挑战。
- 期待有机会能证明他们懂得很多。
- 享受考试的某些方面，比如掌握了一个较难科目时的成就感。
- 比起写课程论文，更喜欢考试。
- 喜欢匿名改卷的方式。
- 面对考试感到很高兴，因为这意味着课程就要结束了。

讨厌考试是没有益处的，对待考试的消极情绪还会消耗你的精力，不如把这些精力用在备考上。更有建设性的做法是：

- 关注考试的积极面（第 24 页）。
- 将时间更富有成效地用在备考上，而不是浪费在无谓的担忧上，比如进行有条理的分块复习（详见 Chapter 9）。
- 采取措施减少在备考中"对未知的恐惧"，可以通过练习考试题型和模拟测验进行。
- 通过压力调整和培养平静心态的方式，控制焦虑的情绪。
- 保持积极的心态，并理解为什么这种心态对取得好成绩很重要。
- 为自己设计多个挑战任务，这样你就能够在复习的每个阶段都有一种成就感。

 思考

你通常对考试是什么感觉？

如果你对待考试的态度是消极的，那么你要做出怎样的改变，才能使自己正确对待考试？

迷思（4）：某教授总是会让选他课的学生半数不及格

一个老师故意让选他课的一半学生都不及格，这种说法是非常不可能的。因为：

- 老师通常都是希望自己的学生能考好的。
- 如果老师教的学生中不及格率过高，会让人觉得老师的教学水平很差劲。
- 学生达到了评分标准，就会通过考试。
- 大学质量保证程序一旦发现不及格率过高，相关的教学人员就要对此做出解释。他们很有可能会被学校要求提供更好的教学与支持，给学生更为合理的机会通过考试。
- 外聘的考官可能会质疑过高的不及格率，并建议老师在教学、评估和反馈方面都予以改进。

学生们会有这一迷思的原因在于：

- 为能够通过考试的学生数量设一个上限，会让课程看起来更难，也会让那些能够通过考试的学生觉得自己格外聪明。
- 如果你认为只有很少一部分学生能通过，就能给自己不努力的借口，也能鼓动其他学生不必太费心准备考试。
- 如果能使其他学生失去信心，他们就有可能在考试中发挥失常，这样你的答卷可能在他们中就会显得不那么差劲。有时我们把这种行为称为"吓跑"其他学生。
- 谈论你所担心的事情能够发泄个人的焦虑情绪，虽然在这个过程中可能会让其他人也感到焦虑。

他过了，他不过，她过了，她不过，她过了……

迷思（5）：考试是学习中最重要的部分

尽管考试可能是你学习中一种重要的评估手段，但它未必是最重要的。

1. 其他方面同样重要

考试只是学习的一部分。理解科目知识、积累知识、培养思考能力，以及培养可以通用于生活和事业中的能力等，这些即使没有考试重要，至少也是同样重要的。现在大多数的课程都要求你在课程论文和展示"软实力"的方面要有好的表现，比如说在团队合作上。

2. 高分并不能保证成功

虽然高分在短期内能使你感到愉悦，但在以后的职业选择或者长久的幸福上，高分并不能起到决定性的作用。在离开大学后，考试成绩相对较差的人也能像考试成绩好的人做得一样好，甚至有可能比他们做得更好。

3. 平衡的方法

同样重要的是，你需要找到一个平衡点，需要不断激励自己，但不能给自己过多的压力。详见第63—64页，阅读"进入甜区（2）"关于理性看待考试的内容。

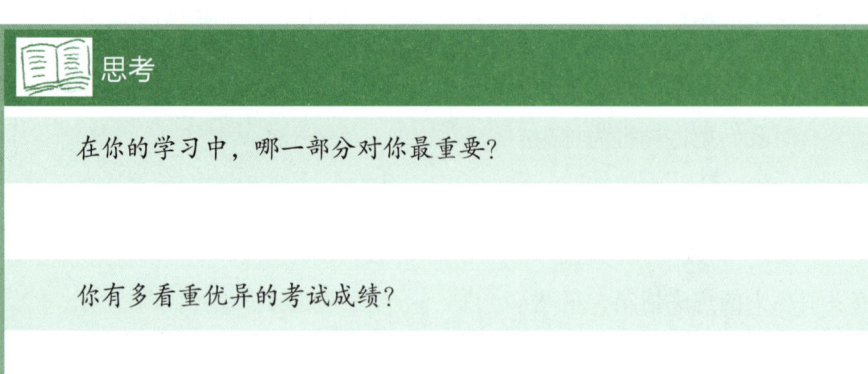

思考

在你的学习中，哪一部分对你最重要？

你有多看重优异的考试成绩？

迷思（6）：如果考试不及格，就说明我很笨

尽管考试是一种客观评估你所学知识的方式，但它只能检测被出成试题的那部分知识。某些才智，比如创造力、社交能力和情商等，是不能以简单的考试来衡量或者评估的，而这些可能才是你真正擅长的。

1. 期待考试通过

尽管大多数学生并没有特别期待考试通过，也还是希望能够顺利通过考试并取得好成绩的。事实上，如果你可以避免骄傲、保持冷静，并合理地准备考试，你就很有可能通过考试并取得不错的成绩。

2. 为什么有人会不及格

一旦人们考试不及格，就会有各种各样的理由，即使实际上他们已经通过了考试，也还是会让人觉得他们看起来很有可能考试不及格。这些理由有：

- 只学习最难的内容，却没有先掌握最基本的。
- 缺乏系统的准备，没有有效的记忆方法。
- 缺乏针对考试的练习。
- 外部的生活压力。
- "低级错误"，比如看错题或者没有看到试卷背面的题目。
- 不会调整压力。
- 没有按要求回答足够数量的题目。
- 没有运用好常识性的考试技巧，比如正确分配考试时间。
- 没有阅读足够多的学科相关知识。

3. 只有我有这样的担忧吗

即使你担心考试结果会影响大家对自己的评价，你也不必担忧，你并不是个例。许多学生都会有一些不必要的担忧，害怕自己随时会被人"发现"

不够聪明，这样的想法更有可能导致失败而不是成功。正确的做法是，更多地去关注你怎样才能通过考试，而不是陷于这种消极的情绪中，详见 Chapter 3 的相关内容。

4. 也许有的人就是不能考试

一些残障人士可能会在参加某些类型的考试时感到困难，而这种情况下往往都会有替代的考试形式（详见附录 1）。除了这种特殊情况外，任何人只要通过正确的训练、方法和实践，都能通过符合自己学习阶段程度的考试。

迷思（7）：别的学生都还没开始复习

1. 独立学习

不要过于相信其他学生告诉你的关于他们有没有在复习的话。例如，当一个学生主张没必要复习某个科目时，你自己必须权衡一下复习这门科目的得失。因为对你来说，其他学生怎么做并不重要，你必须按照自己设定的目标来复习需要掌握的内容。

2. 常见的伪装

许多学生经常会装作自己并没有在努力，或者根本还没有开始进行一点儿复习。当他们说自己在外面参加派对的时候，其实是在家复习的。有些时候这是"形象"的问题，一些学生不愿意说自己在复习，可能是因为这样显得自己"不够酷"，因此他们会说自己去了酒

是的，这个派对太棒了！吃的、喝的，简直是太疯狂了！我听不清你在说什么，明天再联系你吧。

吧、俱乐部或者去看了乐队演出。

一些学生经常夸大自己有多不努力，其实这只是一种顾全面子的做法。他们这样做是希望，万一自己没有通过考试，别人会认为是因为他们并没有努力，而不会认为他们尽管很认真地复习了，仍不能通过考试。

有些人说自己没有努力，则是一种自我标榜。当他们取得好成绩时，更愿意别人认为这全是因为他们的"聪明"。他们觉得，人们会记住并且赞扬他们只花了很少的时间就取得了这么好的成绩。然而有些学生会认为，如果他们能够说服其他学生不复习的话，自己就能考得更好。如果大家的分数都很低，那么判卷的标准可能就会有所下降。至少，如果很多人都不及格的话，那么自己的分数也不会那么难看了。

最好不要和别人讨论你复习了多少，以免给自己或别人带来焦虑的情绪。

迷思（8）：可能为考试准备了过多的内容

为考试准备的内容一般不大可能会过多，适当程度的准备能让你：
- 了解你的学科知识，而且能对其保持兴趣，并全力投入。
- 能自信地回忆起所需要的内容。
- 渴望展示你所掌握的知识。
- 对于考试，心态很平和，但颇有兴致。
- 能够以一定的速度，写出既正确又有特色的答案。
- 能保持学习与生活其他方面的平衡。

但是，在有些方面也可能会出现准备过多的情况。

1. 过多的内容

我们有可能在某个科目上复习了过多的内容。如果你能迅速判断并选出你所需要的内容，那么这对你来说就不成问题了。然而，如果你觉得很难迅速判断所包含的内容，尤其是在有字数限制或者时间限制的情况下，那么你就有必要在备考的前期思考以下问题：

- 对于每部分的内容，哪些绝对是关键的？
- 其余的内容中，哪些是可能会有用的？
- 有哪些细节能为你的答案增色，或者能使你的答案更为突出、与众不同？
- 如何尽量言简意赅地呈现这些信息？
- 哪些内容是你希望包括进去，但又很可能根本用不到的？在参加考试时，很重要的一点是，知道如何根据题目的字数要求来安排你所掌握的内容。

2. 过多重复工作

人们通常会在复习中重复做一些事情，比如：

- 阅读自己的笔记。
- 记忆信息。
- 对同一个内容一次又一次地复习，却并没有注入新的变化或趣味。

3. 方法过于单一

你可能过多地关注：

- 科目的内容本身，而没有思考怎样运用这些内容，以及应该在何处运用这些内容的问题。
- 复习，而没有关注备考的其他方面，比如保持兴趣、耐力和平和的心态等。

迷思（9）：如果记忆力不好，考试就会不及格

通过考试并不仅仅需要记忆力。虽然我们需要回忆课本中的内容来通过考试，但还是有些方法可以使我们更容易记住这些内容。即使你觉得自己的记忆力很差，你的记忆力也并非无法改变，你可以通过一些措施来改进它，详见 Chapter 8。

过于担心你的记忆力，只会让事情变得更糟，因为我们的记忆力是很容易受压力影响的。一定程度的兴奋能帮助你集中注意力，也能帮助你更清晰地思考问题，但焦虑情绪只会让你难以拥有清晰的思路，甚至会让你记不起自己平时所熟知的内容。培养并保持心态平和的策略，有助于你提高考试的记忆力。

迷思（10）：考试只能检测出我可以写得多快

这并非事实，因为阅卷人都不愿意阅读冗长的答案。出题者会将问题设计成你在规定时间内能够答完的长度。但若是你的写字速度过慢，就可能会在考试中处于劣势。如果是这样，而你也觉得自己的写字速度太慢的话，就可以在备考的时候经常练习，以提高写字速度，这会对你的考试有所帮助。

如果你写得够快，就能为你节省出更多的时间，用来思考和组织问题，以及加入有趣的细节，并检查答案。如果你担心自己的写字速度，可以按以下方法进行练习：

- 找一支你觉得适合长时间书写的笔。
- 练习快速回答问题。
- 寻找能够简明扼要阐述问题的方法。
- 练习用议论文题目、引言和结论部分的内容来答题，因为这些部分的内容通常都比较简明切题。

迷思（11）：我漂亮地答出一道题，就可以少回答几道题

事实并非如此，我们应该按照规定的题目数量答题，因为这样至少可以保证通过考试所需要的最低分数。如果你没有把握答全一道题，那么就努力给出一个尽可能全面的回答。你可以思考：

- 试卷上的哪些问题是你可以做出最基本回答的？

- 哪些内容会在你开始作答以后，逐渐被回忆起来？
- 你是否最少也能答出一个问题的某一部分内容？

 结语

在 Chapter 3 和 Chapter 4 中，我们提到了掌控自己对考试的态度，这是在考试中取得好成绩的一个关键因素。对将要面临的挑战和战胜这些挑战所需达到的要求，如果我们都能充满信心的话，掌控自己的态度就会变得更加容易。

关于考试的传言会削弱我们的自信心，会给我们并不切实的预期，有时这些影响的力量还很强大。如果你发现自己开始相信这些可能并不真实的言论时，应该立即停止，并思考它们从何而来，又会对谁有利。需要特别注意的是，这些传言对你的备考和你对考试的态度造成了怎样的影响，它们是否降低了你对考试结果的掌控度。

如果你想在考试中取得好成绩，就需要专注处理你认为需要去做的事情，制订相应的计划并严格执行。不要通过将自己的复习方式与他人进行对比，来判断自己的复习效果。因为对他们有效的方式未必适合你。而且，不要被他人影响而偏离自己的计划。

如果你在有关考试的传言中，感觉到有些许的真实性，比如说写字的速度会影响考试结果，那么你需要弄明白真相到底是什么，以及这些内容是否与你相关。如果确实与你相关，那么你下一步的行动，就要找到一种策略来克服可能存在的障碍，并思考怎样更有效地运用它，将障碍变成优势。

因为大多数的学生都没有当过考官，所以相当一部分的传言是关于考官的，他们会做什么，不会做什么，他们想要什么，不想要什么。这的确会让人感到困惑，尤其在你最近并没有参加多少考试时，或者是最近考得不好时。下一章的内容，就会让你对考官想要看到什么内容有一个更清晰的理解。

Chapter 6

考官想看到什么

学习目标

本章内容将有助你:

- 解密考试过程。
- 理解考官是如何批改试卷,以及如何分配分值的。
- 思考这些对于你的考试策略意味着什么。
- 认识优秀答卷的特点。
- 明白试题中的用词。
- 理解试题。

在准备考试时，学生通常都会问："考官到底想看到什么？"而明白考试的要求，对你做到"5点巅峰计划"（详见第48页）中的"想得到"和"看到"是很重要的。

如果你了解一些考官的做法和他们通常批改试卷的方式，那么在准备考试的时候你就会更有信心。例如，如果你知道考官们用不同的词语进行提问时所希望看的答案是什么，你就能从他们的角度更好地理解问题并作答了。

虽然每位考官的改卷方式有所不同，但大学的考试委员会就每位考官在改卷时能自由掌握的限度，制定了相关的标准。尽管如此，还是会有许多关于考官的传言，这些传言可能包括考官是什么样的人，考官的做事方式，以及考官遇到不同类型答案时的反应等。

认识到优秀的答案都有哪些特点，对你也很有帮助。这样，你就能知道自己的答案是否也具备了这些特点，并且还能通过考前的相关练习，让自己写出更优秀的答案。

打破关于考官的传言

传言	事实
考官希望你不及格。	事实并非如此。在高等教育中，大部分的学生都能通过考试。考官们会受到第二考官、外校考官和其他人的监督。如果在考试中他们的学生不及格的比例不正常，他们还需要给出能够令人信服的理由。
考官们渴望看到你有答不出来的问题。	这并不是事实。考官们通常都会有一套改卷的给分标准，他们也会在你的答案中积极地寻找能达到给分标准的内容。
试题通常都会使用复杂的语言，以增加考试难度。	这也并非事实。试题通常都会使用准确的语言，从而帮助你理解答题的真正要求。这也是为了让你能更好地从出题人的角度，理解出题的意图。

（续表）

传言	事实
考官想看到涵盖所有内容的答案。	考官并不希望学生在考试中写下知道的所有内容。他们更愿意看到的是，如何才能巧妙地选择出相关的信息，以便精确地回答问题。正是因为他们希望你在回答中具有选择性，所以他们不会想让你在答题时覆盖科目的所有知识，毕竟不是所有的知识都与题目相关。同时，他们也知道考试时间是有限的，因而不会要求你在答题细节上，能做到和课程论文一样的程度。
考官能看出所有你没有掌握的内容，所以他们会因为怀疑你没有掌握所学内容，而降低你的得分。	如果你就提出的问题做出了恰当的回答，那么你就能得到相应的分数。考官只会看到你所给出的答案，并无法猜出你可能掌握了哪些内容，没掌握哪些内容。他们也不要求你答出跟这个话题相关的所有内容。这就意味着，你只要能有选择性地回答好问题就可以了，而并不需要知道所有相关的内容。

考官如何批改试卷

考官如何批改试卷	对你的考试策略有何提示
速度 考官改卷的速度是很快的，他们通常有许多的卷子需要批改。	确保你清晰地标明了你所有写下的重点，这样考官才不会漏看。例如，在议论文题目中，要在开头段清晰地表明你的立场，在结尾段清晰表明你是如何支持你的论点的。确保每段的第一句都清晰地点明了这一段的主要观点。
改卷标准 考官通常都会有一套改卷标准，例如他们会将分值分配在哪些具体的答题点上，或者哪些答案的特点上，如是否提及某个学派的某种观点、理论，或是与该话题相关的典型例子等。他们也可能会分配一些分值给有独到见解并与问题相关的回答，或者分配给对证据做出了独特解释且论证充分的答案。	在准备考试时，思考哪些关键内容是考官希望看到的。大多数的关键内容都会出现在重点教科书上、与科目相关的杂志上和课堂上，也可以在那些被分成了好几部分的话题中找到。你要将这些内容用便于记忆的方式组织起来（详见 Chapter 8，关于"记忆"的内容）。

（续表）

考官如何批改试卷	对你的考试策略有何提示
分数区间 考官并不都是以 100 分作为满分标准来批改试卷的。	不同的大学，甚至同一所大学的不同学院，都有自己不同的分数区间。虽然确实有一些大学改卷时的满分是 100 分，但更多的则是以 70 分作为满分的。
每道问题的分数 考官对每道题都有所能给的最大分值。	这意味着，若你被要求完成三道论述题，每道题的得分就不能超过总分的 1/3。如果你只做了两道题，你的总得分就不能超过总分的 2/3。如果总分是 70 分，那么即使你写出了两篇非常优秀的论述文章，也只能以 46 分勉强达到及格分数线。如果你写出了三篇还不错的论述文，那么你的得分就会比你只写出两篇非常优秀的文章要高。对于简答题，如果你放弃一道题，虽然你会失去的分数要比论述题少一些，但你也并不会因为写出了更长的答案而得到额外的加分。
每个给分点或给分标准的分值 考官们对每一个给分点或给分标准，所能够给出的分数是有限的。	这意味着即使你能针对某个问题写出很精彩的答案，也还是需要尽量使自己的回答言简意赅，以便能尽快开始回答下一个问题。对于某一个内容阐述得过于详细，并不大可能使你获得额外的分数，而如果你不能回答出一些最基本的内容则很有可能失分。
考官所期待的答案特点 考官会根据你的答案是否具有他们所期待的特点（详见第 91—92 页），而进行加分或者减分。	练习回答不同的考试题型，并分析自己的答案，能培养你快速写出高分答案的能力（详见第 91—92 页和 Chapter9 的相关内容）。
对具体问题的回答 考官只会关注你针对某个具体问题的回答，他们对你在此前准备的或类似的问题中做出的回答并不感兴趣。	避免"熟记"你现阶段对练习题的回答及课程论文的内容。回答议论文题目时，你最好能针对问题有一个新的答题思路，充分调动你知道的相关内容，这样你才有可能做出符合题意的回答。
只有写出来的内容才有得分可能 考官只能根据你写在试卷上或答题册上的内容进行评判，而不能根据你可能想表达或想包含的内容进行评判。他们不能因为你在其他情况下的回答，或者可能更好的表现而给你分数。	这意味着你必须非常仔细地检查你的答案，确保你已经明确地表达了自己的观点。如果你的回答含糊不清，或者丢掉了重要的字眼或细节，考官不可能去猜你想表述的内容。

（续表）

考官如何批改试卷	对你的考试策略有何提示
无法看出你掌握的所有内容 考官不会魔法，他们不可能从试卷上看出所有你没掌握的内容，这一点对你而言是有利的。	只要你正确地回答了试卷上的题目，即使你对课程中其他的内容一无所知，也照样能得到较高的分数。
匿名而客观 通常考官并不知道每一份考卷的答题者是谁，所以他们所给的分数更能客观地反映出答案本身的质量，而不是对某人的主观偏见。	你不能靠与授课老师的关系，或者你在学校里的名声，来获得高分。无论你的授课老师是否喜欢你，都不会影响到你的得分。
二次评分及外部评分 部分或者全部的答卷会以匿名的方式得到另一位考官或者外部考官的二次评分，以核查改卷的评分标准一致性。	总的来说，即使考试成绩不时会与预期有所出入，你仍应该相信自己的分数是合理的，因为考官给出的分数是会有人来核查的。

高分议论文的特点

一篇高分的议论文，通常具备以下特点：

- **准确做出符合题意的回答**。而不只是一些泛泛而谈的内容。

- **有清晰的视角与论证**。这样考官从一开始就知道你想说什么，也能紧跟你的思路，了解你建立论证的过程。

- **有批判性和分析性**。涉及与科目相关的争论时，文章要有所批判和分析，并解释为什么某个内容很重要，而不是简单地陈述有什么样的研究或者理论学家说过些什么。

- **结构合理**。包括简短的引言，以及几个短小的段落来分别阐述你的论点的不同方面，最后是总结。以上的内容，都应围绕中心论点并且用合理的结构展开。

- **提供基于确凿事实的理由**。用来证明中心论点。

- **分段合理**。能清晰地呈现每个段落的主旨，以及各段落之间的合理逻辑。
- **评估不同的观点**。这会有助你衡量不同观点或理论之间的相对价值和重要性，并能更清楚为什么某一套论点、理由或证据，要比其他的更令人信服。
- **引用相关的理论及各学派思想**。根据题目表明自己对这些理论及学派思想，在科目内容中重要性的理解。
- **准确引用**。在相关处准确引用（名字和日期）关键理论和研究论文等内容。
- **有选择性地回答**。答案只包括与题意最相关的信息和细节，舍弃那些关系不大的内容。
- **思路清晰，切中要害**。文章没有含糊不清的论述、重复的内容、笼统的结论、华而不实的语言、不必要的术语或个人逸事等。
- **保证文章通顺**。经过检查确保文章能表达自己想表达的意思，还能去除一些小错误，并保证所有的字句都清晰明了。

简答题

1. 什么是"简答题"

简答题（short-answer questions）可以有多种形式，可以是选择题，也可以是长度为一页左右的问答题，具体视不同科目而定。简答题一般要求回答事实性或者描述性的内容，而议论文题则会要求有更多分析性和创造性的内容。

2. 简答题的类型

通常可用于简答题的答案，都有以下特点：
- 可列举的内容，比如身体各部分的主要功能，或者某一设备的主要部件。

- 某个理论的主要内容，以及这个理论之所以重要的原因。
- 指出一段文字中某句引言的出处，并给出理由证明其重要性。
- 一个简单试验的细节，而这些细节的内容长度不足以成为一道详细回答的题目。
- 关于某个特定过程的细节，比如如何掌控四肢，如何在特定环境下制造化学物质，或如何解决一个具体的问题。
- 两个常常被拿来对比的群体间的相同或者不同之处。

3. 如何复习简答题

简答题的复习策略，不同于议论文类型的题目。对于后者，你可以选择相对较少的话题进行复习而忽略某些内容，也不会有太大的风险。但对于简短回答题，你则需要对课程中的所有内容都有所了解。

- 确保你能回答在以往试题中出现的所有简答题。
- 根据以往试题的风格，为自己设计尽可能多的模拟题。这将增加你在考试中遇到做过题目的概率。
- 将课程材料以问题的形式整合起来，在每个问题下面简要列举关键点。
- 在每张复习卡片上写下一个问题。随身携带一部分卡片，这样你就可以利用空闲时间随时随地复习上面的内容。
- 练习快速做出简明精确的回答。检查自己的答案是否存在词句冗余的问题，是否包含了不必要的细节。检查自己是否围绕中心问题作答。

简答题的高分答案

1. 数清要点

通常一个简答题所要求的要点数量都是确定的，是可以数清的。比如，如果题目让你描述心脏或肝脏的功能，这些功能的个数就肯定是明确的。

在复习中,要将每个问题对应的信息,用要点方式列出并依序排号,并把这些问题分别写在小卡片上。

个人记忆法(详见第151—154页)对于简短回答题非常有用,通过设计一个记忆触发点,帮助你回忆具体要点和步骤的数量。

2. 清楚题目到底要问什么

当你在复习时,请确认以下内容:

• 核对每个问题要问什么,如果这个问题由好几部分组成,确保你所有的部分都回答了。

• 清晰地列出要点,并让每个要点都明确区别于其他要点。必要时,可以为每个要点重造一个句子,而不是把两个要点合并在一个句子中。这样会使考官更容易分辨出你想表达的重点,并给出相应的分数。要避免把好几个要点合并在一个结构复杂的答案中。

• 避免"冗余",不要故意用一些内容填塞你的答案,以此来显示你好像知道很多科目相关的内容。

• 言简意赅,不要认为你应该用一些不必要的内容,来让简短的回答变得更长。

优秀的演讲报告

演讲报告的分值各有不同,主要取决于考核的内容。优秀演讲报告的评判标准,需视其在考核中存在的意义而定。然而,仍有一些可以遵循的标准,下文就列举出了一些对你会有所帮助的相关特点。

1. 内容的呈现

和优秀的议论文一样（详见第 91—92 页），演讲报告应该具备以下特点：

- 有明确的重点，确定有你想表达的关键信息。
- 像议论文一样形成架构。
- 在开头就介绍你的论点，这样能有助于大家跟上你的演讲思路。
- 有选择性地呈现最突出的重点。
- 结构合理，每部分内容之间逻辑严密，且主旨清晰。
- 思考并评价不同的观点，而不仅仅是讲述个人观点。

2. 抓住观众的注意力

抓住观众注意力所占成绩的比重，会根据评分标准而有所不同，因而你需要核查分数的分配情况。人们在听别人说话时，往往喜欢听到一些"路标"式的提示，从而帮助他们理清每一部分内容和总论点之间的关系。下面是一些抓住观众注意力的好方法：

- 知道"过犹不及"，应避免用复杂的数据和信息，给你的观众造成过多的负担。只需选用最重要的内容，这样你的观众才更易于理解你表达的内容。
- 将你的演讲报告分成几个简短的部分，并标明序号，以便于观众能清楚地知道你讲到了什么地方。
- 注意控制演讲报告的时间，这样在演讲中既不会显得过于仓促，也不会因为想涵盖更多的内容而语速过快。
- 语速应该比正常演讲要稍微慢一些。
- 为每个人准备一份视觉材料，例如一幅图或者一份简要的提纲，也可以使用幻灯片。

3. 幻灯片的使用

在演讲报告中使用幻灯片时，必须注意以下几点：

- 避免字体过小，应使用较大的字体。
- 每张幻灯片的文字，控制在 4~7 行字之内。
- 每张幻灯片所用的演讲时间，一般不超过两分钟。
- 确保每张幻灯片的标题，准确地总结了当前幻灯片的内容。
- 不要只简单地读出幻灯片上的内容，这样会让观众感到厌烦，而应该解说一下这些内容。

技术型题目的优秀回答

1. 什么是技术型问题

技术型问题要求你使用固定的程序或者公式，来解决一个具体问题。你需要展示出你不但能够理解此类问题，还能选用正确的方法来解答。解答时，内容的准确性、步骤的正确性和对细节的考量，都十分重要。

与议论文题目不同，在回答技术型问题时很少能有个人发挥的机会，因为此类问题通常都有一个固定的标准答案。回答这类问题的好处是，如果你非常熟悉课程内容，你在看到考官批改过的试卷之前，就能清楚地知道自己考得怎样了。

2. 如何复习技术型问题

- 确保自己在计算步骤和公式运用方面，都有非常清晰的认识，并能准确地回想起这些计算步骤和公式。对于技术型问题，自我发挥的余地不大。
- 运用适合自己的记忆方法来记忆不同步骤的正确顺序。
- 练习回答以前的试题和自己设计的题目，用来提高你回答技术型问题的速度。

3. 明确题目要问什么

- 仔细阅读并分析试卷给出的信息，明确需要解决的问题。并根据明确的信息，决定自己需要运用何种解决方案。

•用足够的时间来详细分析问题是非常重要的，这能帮助你确定正确的解答方案。因此，分析问题的步骤就不能仓促进行了。

•冷静并有逻辑地回忆在课堂上使用过的公理和公式，思考可以选用哪些内容。

•思考哪些步骤组合起来能够推出结果。

•注意细节，比如需要注明的单位和度量衡（克、千克、盎司、秒、伏等），并确保这些单位在你的答案和示意图中都已经清晰地注明。

•如果题目要求作图，要使用削尖的铅笔和标准的作图工具，确保你的示意图能够做出清楚的标注，清晰可读，易于理解。

4. 组织你的答案

•准确将题目中你已知的数据，写在"已知"（given）部分下面。

•将你得出的结果，写在"可得"（find）部分下面，并附以简单的数据分析，表明你正确理解了问题是什么。

•明确你的步骤，准确写出你要运用的公式，向考官表明你知道这个理论。这也同样会帮助你专注于问题的解答。

5. 详解结果

•写出"结果"（solution）。

•将已知的数据套用在公式中。

•用一个步骤一行的方式写下你的解题步骤。

•如果你在解题时遇到了无法继续的情况，可以回想一下过去解题时曾经历的步骤，思考哪些能够在此时予以运用。

•在解题的过程中，注明你正在进行的步骤，这样能让考官理解你在进行每一个步骤时的意图。

•不断解题，直到得出结果。

6. 如果不能解出结果，该怎么办

• 确认你明确写出了所采用的方法及已得出的结果，因为这样即使不能得出最终的结果，这些内容也还是能为你赢得相应的分数。

• 在试卷上注明，你知道自己并没有得出最终的答案。

• 如果你分配给这个问题的时间已经用完，就应该放下这个问题，开始做下一道题。

• 如果你还有时间，检查一下你已得出的结果，看错误的原因是不是由简单的计算错误所致。

• 回头查看题目中的已知数据，看是不是因为你漏掉了题目提供的某些线索。

• 重新思考问题的实质，看你是否误解了问题的实质。明确问题的实质，有助于你明确解决问题的方案。

应对考官

虽然你无法直接影响考官的决定，但是你可以努力使自己的考卷：

• 为自己制造积极的印象。

• 尽量不要激怒考官。

• 让考官在有"假定无过失"的评判空间时，能做出对你更加有利的评判。

1. 制造良好的印象

• 让你的考卷或答题册，保持干净整洁并且有条理。

• 为你的答案正确编号。

• 回答所选问题时，组织合理的结构。

• 选择内容，将那些与所答的具体问题无关的内容剔除。

• 不要试图证明你懂多少。

- 避免以"意识流"的形式不加选择和组织地堆砌所有你知道的内容，你应该关注的是质量而非数量。
- 避免完全照搬你在课程论文中写下的内容。
- 检查你的答案。
- 保证你的字迹清晰可辨，千万别认为考官会花时间来尝试辨认你潦草的字迹。

2. 不要给考官写信

> 亲爱的考官，非常抱歉，我的卷面太乱了。我本来想要保持卷面整洁的，但是今天我的状态不太好。我感到特别疲倦，因为昨晚我住的那栋楼里，有人很晚才从酒吧回来，还弄响了火警警报，所以我睡得很不好。而且，由于我个人和家里的一些原因，我最近一段时间的状态一直都不好，但是我现在不能很详细地说明。我并不认为这张试卷所反映出来的内容，能代表我在状态好时的真实水平。因为我没有时间来检查自己的答案，所以希望您能猜测出我所写的答案的本意。我确实很认真地准备了这场考试，所以我认为自己应该得到一个不错的成绩。因此，我希望您在改卷时能把这一点也考虑进去。我认为自己第二题的回答很不错，答这一道题时，我感到很享受，希望您阅读它时也能和我有一样的感受。最后，希望您不会因为要批改这么多的试卷而太过劳累，祝您有一个愉快的假期！

3. 会激怒考官的做法

有以下问题的答卷，是在浪费考官的时间。因为考官通常只有几分钟的时间，来评判你的答案是否达到了得分的标准，而且浪费这几分钟对你也没有好处。如果你是考官，即使没有几百份试卷，至少也有几十份试卷要批改，你可以设身处地设想一下，如果你看到有以下问题的答卷，你会有什么样的反应：

- 答案被错误地编号。
- 看不明白学生究竟回答的是哪一道题。
- 字迹难以辨认。
- 在一段答案中，无法找到关键信息。
- 一封给考官的信，想要说服考官在评分时考虑一下其他原因。
- 字迹潦草，墨渍脏乱，整个卷面看起来极不整洁。
- 用缩略语作答。
- 内容散乱，没有清晰的结构与明确的论点。
- 有许多草稿内容没有划掉，这些内容可能是回答的一部分，也可能不是。

4. 答案书写建议

- 注意保持卷面整洁清爽，让人一目了然。
- 没有必要抄写题目，因为那只会浪费时间。
- 用有力的论证来突出重点，而不是用其他颜色、大写字体、下划线或者感叹号之类来突出你的重点！
- 答完题目后，划掉你的草稿、写作提纲等内容（除非有明确规定你不能这样做）。
- 确保每个问题答案的开始和结束都清晰明了。
- 保证每个问题的答案都写在了单独的答题纸上。因为可能每道题都会被分别送给不同专业领域的考官批改。
- 字体清晰、工整最重要，不用担心自己的字不够漂亮。

试题中的措辞

在试题中，下列措辞意味着考官更期望看到采用以下答题方式或答题风格的答案：

试题措辞	答题方式/风格
Account for（阐释）	给出理由，说明原因。
Analyse（分析）	仔细审视细节，找出重点和主要特征。
Comment on（评价）	找出主要问题，并围绕该问题进行回答。答题中，根据你在课本上读到或在课堂上听到的内容给出自己的观点，应避免纯粹的个人意见。
Compare（比较）	展现两个或多个事物的相似之处，并指出这些相似处的相关性和带来的结果。
Contrast（对比）	将两个或多个事物、论点进行对比，以得出不同之处，并表明这些区别是否显著。如果题目有要求的话，还需解释为什么某一个事物或某一个论点，相对来说更可取一些。
Critically evaluate（批判性评价）	比较一个话题的正反两方面论点，并分析和评价两边论据的力度。在评估过程中，要采用一定的评估标准，来判断哪个观点、理论、典型或事物更可取。
Define（下定义）	写明准确的意义。如有需要，还应给出你对为什么这样定义等相关问题的理解。
Describe（描述）	写出某事物的主要特点或特征，或是简述某个主要事件。
Discuss（讨论）	写出最重要的方面（或许也包括批评）；给出正反两方面的论点；思考其中的含义。
Distinguish（区分）	找出两个（可能会混淆的）事物之间的区别。
Evaluate（评估）	有理有据地评估某事物的价值、重要性或有益性，可能还会要求列举出正反两方面的案例来说明。
Examine（审视）	将话题"放在显微镜"下细致观察。如有需要，还要进行"批判性评价"。
Explain（解释）	写清楚某件事情发生的原因，或者为什么事情会是现在这样。
Illustrate（阐明）	详细清晰地阐述或者说明某一事物，并给出相应的例子或者证据来证明。
Interpret（解读）	解释已知数据、材料的含义或相关性。
Justify（证明）	提供相关证据来证实一个论点或观点；说明为什么会得出这样的结论或结果，并考虑到其他人可能提出的反对意见。
Narrate（讲述）	像讲故事一样，讲述事情的发生发展过程。
Outline（简述）	只需写出要点和主要结构。

（续表）

试题措辞	答题方式/风格
Relate（联系）	展示两个或多个事物之间的相似性和相关性。
State（列明）	用十分简明的言辞写出事物的主要特征（类似一份以完整的句子写就的简要清单）。
Summarise（总结）	只写要点（参见"简述"），舍去细节与例子。
To what extent（在多大程度上）	思考某件事情的真实程度，或它在多大程度上导致了最终的结果。同时，也要考虑在何种情况下，这件事情并不真实。答案通常处于"completely"（完全）与"not at all"（一点也不）之间。
Trace（追溯）	按照顺序写出某个事件和某一过程的各个阶段。

解读试题

尽管在试题中常见的词语在辞典中有不同的解释，但大多数试题所要求的解题方法仅仅是少数几种方法中的一种。如果你对这几种方法都有所了解，你就会更有信心应对任何类型的试题。下表右栏中，列出了答题的基本类型。

	试题用语	答题类型
1	How significant?（有多重要？） Critically analyse（批判性分析）； analyse（分析）； review the arguments for... （评论……观点）； Argue the case for...（论证……）	此类问题大多都要你对已知依据进行批判性分析，或对不同观点进行评论，即使题目中并没有明确要求。你需要在答题时，分析支持某论点的论据的质量和有效性，其中应该包括对支持反对观点的论据的分析。并且，你还需要通过充分的论证，展示哪一个论据或哪一组论据更能让人信服。
2	How much?（多大程度？） To what extent? （在多大程度上？） Evaluate...（评估……）； Assess how far... （评价……的程度）	对比"反对"和"支持"的观点，并分析得出证据所倾向一方的结论。这可能意味着会问： • How effective is this?（如何发挥作用？） • Does this evidence support the theory?（证据是否支持理论？） • Was this policy successful...?（这个政策是否成功？） • What are the relative strengths and weaknesses?（相对的优势和劣势分别是什么？） • Is the evidence sufficient to prove the hypothesis?（证据是否足以证明假说？）这样的问题通常需要你在回答的时候，涵盖对不同观点、理论、证据或论点的批判性分析。

（续表）

	试题用语	答题类型
3	Why...?（为什么……？） Explain...（解释……） Provide reasons for... （为……给出理由） Justify...（证明……） Account for...（阐释……）	这类问题要求你说明某事之所以会发生的原因。为什么最终会造成这个结果？ 然而，在解释"为什么"的问题时，你还需要考虑是否会有不同的观点和理论。如果有，就要对不同的观点和理论进行批判性分析。
4	why?（为什么？） Discuss（讨论）； explore（探讨）； consider（思考）	这类问题的措辞也许比较含糊，但通常都是要求你批判性地分析不同的理论、证据或者观点，以此作为基于论据的论证分析的构成部分。
5	What?（是什么？） Describe（描述）； outline（简述）； state（陈述）； trace（追溯） What?（是什么？） Provide an account of... （阐释一下……）； Illustrate...（阐明……）	此类问题通常会就某一事物或者某个事件的细节提问，或是为了考察你能否将所有步骤按顺序列出。回答这类问题，通常需要你进行充分的描述、叙事、列表或说明。 同时，还需要考虑是否在某方面存在不同观点。如果有，则需要对不同的看法进行批判性分析。
6	Similarity/difference（相似点/不同点） Compare（比较）；contrast（对比） What are the differences between...? （……之间的不同之处在哪里？）	这类问题需要你比较两个或者两个以上的事物，判断它们是相同还是不同，是有利还是有弊，是应该支持还是反对。这类问题一般都会很直接。 在回答中，你可能还需要包括对不同观点的分析，比如分析某一相似点和不同点的价值或重要性。

从上表中可以看出，在许多类型的考题中，无论题目怎样措辞，批判性分析都扮演着重要角色。在艺术、人文、语言和社会科学等科目的考试中，议论文题目的批判性分析通常是分值最高的一部分。这意味着在答题时，找机会巧妙地加入批判性分析的内容，是很有益处的。在科学和数学领域的考试中，需要对某些发现或结果进行讨论的题目，也会要求考生运用批判性分析的技巧。

因此，花些时间来培养自己批判性分析和论证的能力，对考试是很有帮助的。你可以将这种练习作为考前准备的一部分，因为这样可以让你在答题时进行清晰而有力的论证。

"然而，……"的重要性

答题时，如果能包含对其他不同观点的见解，通常能令你的答案增色不少。一般我们可以用"然而，……"（However,...）的句式来引入对不同观点的讨论。如下表所示，尽管问题的问法不同，但答案总有相似的地方。议论文题目的要求通常都包含在以下的四栏中，有时也会在"然而"和"那又如何"（So what?）之间来回进行论证。

议论文题目类型	（1）+	（2）-	（3）然而	（4）那又如何
	明确指出赞成/支持的观点、相似性、对比、优势。	明确指出不赞成/反对的观点、区别、对比、劣势。	从另一种视角来分析问题、评价优劣等。	评估不同观点的价值，判断它们在你论证中的重要性。
批判性分析类议论文	写出支持你立场的要点（观点、理由、证据或例子）。	写出可能需要考虑的一些次要的反对意见。	举出另一种反对你的主要观点的理论或学派思想。	讨论这些反对意见的优劣之处，证明它们并不足以推翻你的主要观点。
"比较和对比"或"评价支持和反对两方面观点"类议论文	总结相似之处，或者找出"支持"的观点。	总结不同之处，或者"反对"的观点。	从不同角度思考异同点之间的平衡或重要性；表明"反对"或者"支持"的观点。	评价这些不同观点的重要性，表明它们并不足以推翻你的主要观点。
"从多大程度上？"类议论文，比如："卢卡斯（Lucas）关于……的观点在多大程度上是对的？"	给出充分的理由证明卢卡斯关于……的观点是正确的。	给出恰当的理由证明卢卡斯关于……的观点是错误的。	关于卢卡斯观点的对与错，给出不同的观点。	评估不同观点的重要性，它们是进一步证明了相似之处，还是证明了不同之处？是加强了反对的观点，还是加强了支持的观点？

Chapter 6　考官想看到什么

✂ 结语

在通过制订计划来达到巅峰状态的过程，你的脑海中应该对如何取得成功有了一幅清晰而强烈的画面。为了获得成功，你需要尽全力去了解考试过程中每个方面的内容。这些内容包括正确认识考官和考试，以及打破对你毫无益处的传言。

如果你能把考官当成你的盟友而不是敌人，那么你对考试的感觉可能会更好一些。考官更有可能按照评分标准，在你的答案中寻找可以给分的内容，而不是想方设法扣除你的分数。你真正需要思考的是不同类型考题的评分标准，以及如何让自己的答案符合这些标准。

在备考的过程中，你需要思考在你过去的试卷答案中的哪些要点可能为你赢得了分数，还有没有其他得分点。你也可以通过与课程讲师谈话，多了解一些其他有意义的答案。

了解考官们的思维方式和他们所期待看到的内容，更有助你提高复习的效率。例如，在你练习考试题型的时候，把自己当成考官为自己的答案打分。过几天后，再次为自己的答案评分。或许你会发现，当自己写下的答案从你的脑中逐渐褪去时，你会很难看懂自己写下的内容。同时，思考你的答案是否清晰易懂，你的主要观点是否清楚明确。

最后，一定要记住考官的工作很辛苦，要批改大量的试卷，而好几百个学生在考试中的选题范围都是一样的。所以，应尽量避免因为你的字迹难以辨认，答案让人感到困惑或者不知所云，从而给考官增加太多负担。一定要确保你的答卷条理清晰、结构合理、论证有力、字迹清楚。

Chapter 7
复习策略

学习目标

本章内容将帮助你:

- 理解复习的意义。
- 清楚复习中常见的错误,以免你再去犯。
- 制定复习时间表。
- 了解不同的复习方法。
- 和其他人一起复习。
- 让复习成为一个愉快而有趣的过程。

复习可以很有趣，也可以极其无聊，这一切都取决于你所采用的方法。而让复习变得有趣还是无聊，对你的考试来说却是非常关键的。因为你越能使复习变得愉快有趣，就越有可能在考试中取得好成绩。Chapter 3 中"5 点巅峰计划"所提到的 5 个主要方面，也同样适用于复习。

在巅峰状态下，复习可以强化我们学习和整合知识的能力，更有助于我们理解掌握知识。而事实上，许多学生都在抱怨低效的复习策略不仅占用了他们正常的生活时间，还令他们感到烦闷、焦虑甚至压抑。

我们在前面说到，享受是达到巅峰表现的一个特征。在复习过程中也是同样如此。你的复习策略应该包括如何将趣味、享受和挑战融入每个阶段当中。一开始，你可以先积极地思考一下，怎样才能使你的复习更有成效、更有激情。

本章提供了一些你可以采用的复习策略，能让你的复习更有效率，包括如何同他人一起复习效率更高。同时，本章还列出了一些复习中常常会出现的错误供你借鉴，这样你就能防范自己再去犯同样的错误。

复习是什么

1. 复习的过程

复习是通过再次阅读你已经学习过的课程资料，来达到以下目的：

- 唤醒你的回忆，清楚自己现在已经掌握了多少知识。
- 检查你是否理解了所学的知识。
- 填补你对知识掌握和理解的空缺地带。
- 通过学习更多知识，来重新解读课程内容。
- 重组信息，以便能用于其他目的，比如在考试中能回忆起这些信息。
- 检测自己是否能回忆起相关信息，这样你才能在考试中灵活运用。

2. 大家是怎样复习的

大家进行复习的方式多种多样，有人独自复习，也有人和他人一起复习；有人复习时间很长，有人复习时间非常短；有人提前会做出详尽的复习计划，有人则常常临时抱佛脚；有人只关注阅读笔记，有人则增加了许多其他内容。并且，大家在复习地点的选择上，也各不相同。

人们通常会在各个复习阶段都进行同样的复习活动，结果让自己变得烦闷，无法集中精力，最终感觉沮丧却进步甚微，这种情况并不少见。然而，复习其实也可以是一个让你更加放松，甚至更加兴奋的过程，只要你：

- 注意到你在课堂上已经学过了多少内容。
- 掌控你的备考过程，让自己对考试结果更有把握。
- 重新认识那些你已经忘记了的有趣内容。
- 掌握那些过去曾让你困惑，而现在已能够理解的知识。
- 从整体上领会所学科目，而不是仅对每周所学知识的片面理解。
- 发现最吸引你的话题。
- 想方设法弄明白那些曾让你学习起来觉得有困难的内容。
- 为自己设定一系列挑战，以帮助自己完成个人目标。
- 意识到自己在科目专业知识方面的不断进步。

长期复习和短期复习

1. 长期复习的好处

提前较长一段时间进行的复习，通常比在考前不久开始的复习更为有效。在较早的时候就开始课程复习意味着：

- 你的学习状态会更加放松，这样更容易吸收和记忆知识。
- 在备考阶段，更容易回想起课程内容，因为你都已经复习过了。
- 对备考感觉更容易掌控，"最后关头"的紧张情绪也会随之而减少。

- 每隔一段时间就复习几次，有助于更牢固地掌握知识。

- 在学习新内容的同时，如果能粗略地复习一下已学的内容，能更容易发现各部分之间的联系。

- 对于刚开始接触时感到困难的内容，如果让大脑反复思考，就会不断加深对它的理解。

- 你更有机会制定一个全方位的复习方案，比如学习放松的技巧，培养减缓压力的能力，打下更牢固的知识基础，以及培养更好的记忆技巧。

2. 长期复习的重点

你不太可能对你所有的科目都进行定期复习，因为没有那么多的时间。而且，如果复习得过于频繁，你对一些有趣的内容就会逐渐失去了新鲜感。如果尽早开始备考，你就能够：

- 通过一个精心制订的计划来逐步积累知识，建立考试策略（详见 Chapter 8、9）。

- 发现那些对于你来说特别难理解或记忆的内容，并在长期复习的各个阶段里多次回顾这些内容。

3. 短期复习

短期复习通常是指你在考前一两周内进行的复习。在正常情况下，这应该是你长期复习的最后冲刺阶段。如果你的复习开始得太晚了，请参见 Chapter 12 关于紧急措施的内容。

复习策略中的常见错误

下表列出了一些错误的复习策略，请在右边的空格中标出与你相符的情况。

Chapter 7　复习策略

常见错误		我的策略√		
		有时	经常	一直
1	直到最后一刻才开始复习。			
2	总是能找到比复习更重要的事情。			
3	用过多的时间制订复习计划，真正用在复习上的时间却很少。			
4	单独学习的时间过多。			
5	和其他人一起复习，但时间却大多浪费在复习以外的事情上。			
6	逃避复习，因为感觉非常枯燥乏味。			
7	进行了一段时间的阅读、复习，或者已经做了一段时间的笔记，并不能让自己记住那么多的相关内容。			
8	长时间复习一个科目，却感觉收效甚微。			
9	复习的内容太少。			
10	无法判断各部分内容的要点。			
11	复习了过多的内容。			

避免常见的复习错误

	常见错误	应对措施
1	直到最后一刻才开始复习。	• 在课程一开始就确定开始复习的日期。 • 将这个日期在你所有的日程、计划表和待办事项表中标出，并在那个日期的前后输入数个提醒。 • 请一个你信任的人，到时提醒你开始复习。 • 提前决定在第一个复习阶段要做的几件事情（详见第 116—117 页），并将它们写入你的日记或复习计划中。 • 从一个有条理的复习计划开始（详见 Chapter 9）。

（续表）

	常见错误	应对措施
2	总是能找到比复习更重要的事情。	• 为自己设计短小的复习板块，如果复习时能顺利进入状态，可以再继续多学习一段时间。 • 在日程中插入以 10 分钟为单位的时间段，以便能够快速浏览考过的试题、你的笔记和学习纲要。并在这 10 分钟里，简单列出在下一个复习板块中你要进行的内容。 • 如果你总以一些其他事情为理由而不复习，就在你的日程里专门为这些事情划出时间来，可以在复习前后进行。 • 在开始复习每个板块前，用一点时间提醒自己选择这门课的动力。
3	用过多的时间制定复习计划，真正用在复习上的时间却很少。	• 为你的复习计划设计一个简要的大纲，主要关注学习的时间和大致的科目范围。所有的细节都用铅笔填写，或者你也可以制作电子版的计划，便于能够及时更新。 • 如果你老是喜欢不断从头修改自己的复习时间表，那么就要规定自己最多只能修改 3 次。修改完后，无论时间表是什么样的，都要严格遵照执行，确有需要时可适当调整，但绝不是从头来过。
4	单独学习的时间过多。	• 如果单独学习确实最适合你，就可以这样做。而且，很多人都喜欢这样的学习方式。然而，如果你感觉自己独处的时间过长，就应该考虑不时前往图书馆，或者组建一个学习小组（详见第 125—127 页）。
5	和其他人一起复习，但时间却大多浪费在复习以外的事情上。	• 在和其他人见面之前，就要商量好开始和结束的时间，并确定将要学习的范围。 • 避免在学习时饮酒或用餐。 • 思考你的学习小组是否组建得当，是否需要将小组一分为二，或者加入新的组员。 • 建立大家都认可的基本规则。如果你认为小组学习对你帮助不大，也可以考虑退出。
6	逃避复习，因为感觉非常枯燥乏味。	• 复习并不见得很无聊，你可以仔细想想，什么方法能使复习变得更有意思（详见第 122—125 页）。 • 通常情况下，在每个复习板块学习不同的内容，能增加复习的新鲜感和趣味性。 • 让自己在规定时间内完成某项任务，会更加具有挑战性。

Chapter 7　复习策略

（续表）

	常见错误	应对措施
7	进行了一段时间的阅读、复习，或者已经做了一段时间的笔记后，并不能让自己记住那么多的相关内容。	• 这通常反映了你对正在进行的事情不够投入，或是这些复习内容过于重复、太过死板，无法给你的大脑带来足够的刺激。也意味着，你还不能跟正在复习的科目进行深层次的对话。 • 将你的复习板块分成更小的板块，并且每个板块结束的时候都要完成某项任务。 • 在每一个板块完成后，回顾你所学到的知识。 • 每隔一个时间段，用几分钟的时间简明写下你刚才学过的内容，并将其与自己的复习笔记对比，看看有无错漏。 • 避免只是简单地阅读自己的复习笔记，而要让自己去思考相关的内容，比如设计一套记忆法（详见第 151—154 页），或在合理的复习板块中如何运用这套记忆法（详见 Chapter 9）。
8	长时间复习一个科目，却感觉收效甚微。	• 一开始先进行大致的复习，然后再逐步加入细节。 • 想办法让自己在复习中保持专注和投入，并让你的复习变得更有趣（详见第 122—129 页）。 • 为单个复习板块或几个连续的复习板块设定要达成的目标，以便于衡量自己的复习进度。 • 你也可以使用前面第 7 条中所提供的方法。
9	复习的内容太少。	• 如果你已经意识到这是个错误，那就基本上解决这个问题了。你只需好好规划一下自己的时间，以便能复习更多的内容，为自己在考试中赢得更多选择问题的机会。 • 参见"复习多少才够？"相关内容（详见第 117—120 页）。 • 参见"有条理的分块复习"的内容（详见 Chapter 9）。
10	无法判断各部分内容的要点。	• 这通常代表你对科目知识还没有足够理解，才不能分辨出重要的内容，也不能分清这些内容和其他内容之间的关系。 • 阅读更多关于该科目的内容，浏览几本课程中最常提到的书籍，大致了解经常出现的标题、话题和名称。 • 查看书后的索引，找到最常引用的内容，因为这些内容通常都是比较重要的。 • 注意哪些内容在科目的不同部分里都有互为引用。 • 找出谁的著作是公认"最具影响"的，例如谁的作品在这一学科被公认为"经典"，或者引起了重大的新的探索。
11	复习了过多的内容。	• 如果这能让你对科目有更好的理解，也是比较有用处的。然而，在考试前，最好还是去掉那些会对课程论文有用，但在考试中却不大可能引用到的细节，可参见"有条理的分块复习"（详见 Chapter 9）。

学生的复习经历

　　在进行任何学习前，包括复习之前，我都会用自己喜欢的方式先进行热身，比如吃东西、听音乐等，让自己冷静下来。这并不是在逃避复习，而是在进行心理调整。如果我感觉自己有把握了，那么一旦开始学习，就会很顺利。

　　我都无法想象还有什么事情，会比自己一个人复习更糟糕了。虽然有时我也不得不单独复习，但只要一有可能我就会和学习伙伴在课后见面，用上几个小时的时间来检查我们是否完全理解了课堂知识，或者一起讨论较难的内容。

　　在坐下来复习之前，我必须得先"筑巢"。我会打扫卫生，买好需要的东西，花点儿时间看看窗外，以便让自己在学习时心无杂念。可能你会觉得我这么做很没效率，但我并不这样认为。其实，我很享受复习，这样做只是在用我的方法，让自己在复习时能更加专注。

　　过去，我会尽量不和别人一起复习，因为我觉得他们都是自己的竞争对手。然而，在离开学校多年后又回来学习，我对此就不那么在意了。现在，我非常看重大家在一起复习时所激发出来的想法，也总会让我发现一些自己一个人不太可能得到的内容。

　　人们对小组学习实在是评价过高了。因为会有太多的时间都浪费在路上，浪费在聊天和社交上。而且，在小组学习的过程中，总有人不断重复其他人说过的内容，也总有人弄不明白，你反而会被他们拖累了。

> 我发现小组学习的效率往往是最低的。小组学习时的复习进度，也常常不如自己单独学习时的进度。但我也注意到，经过讨论后的内容要更易于记忆，所以小组学习也并不完全是在浪费时间。

> 我会咬自己的笔、指甲，甚至发梢。我还会做白日梦、喝咖啡、看电视，把文件夹放膝盖上在空白处涂鸦。我真的感到非常厌倦，而且也绝对摄入了过多的咖啡因。虽然这样确实能记住一些东西，但我想一定还有更好的方法。

> 我通常会查看课程大纲，用来了解每部分内容在课程上的时间安排，并以此为基础制定自己的复习时间表。我喜欢让一切都井井有条，并确保自己会把所有内容至少复习一遍。

> 我每天都会坐下来按照时间表进行学习，通常我都能学习得不错，直到室友进来问我是否太过用功了，我是否需要什么东西，我能不能帮她个忙，或者我是不是该休息一下了。她老是跟我说，她有一个朋友因为学习太过用功而成了少白头。这种情形下，我最终总会陷入和她的争论中，然后由于太过恼怒而无法再专心学习了。

> 距离地理考试还有6周，我决定看看以前考过的试题，却惊恐地发现了上面有关于火山、气象云图和流域系统的题目，并且自己对这些内容都还一无所知。如果我走进考场后，才发现自己还有那么多的问题都不会回答，自信心一定会很受打击，因为我一直以为自己在课堂上已经把所有的重要知识都学会了。直到那时，我才去查看课程大纲，竟然发现还有一大堆需要了解的内容。我还试着去做历年的考卷，看到底自己会做多少题，然后发现我根本就无从下手。

思考

你的考试经历和这些学生有相似之处吗？他们的观点是否改变了你对学习方式的看法？

复习的准备工作

- 制订一份计划，包括你想要复习的内容，以及各主要部分的完成时间。
- 整理你的笔记，并做好标记，这样你就会更容易和快速地找到自己想要的内容。
- 调整你的学习环境，使它更有利于自己的复习（详见第29—30页）。
- 反思自己有哪些浪费时间的做法，比如不停地喝咖啡，打电话，突然决定要整理房间，然后考虑你怎样才能避免这些事情的发生。
- 思考你可能会怎样妨碍自己的复习，并制订计划加以应对。

如果你不清楚应该怎样开始复习，可以参考以下内容。

开始复习

- 你可以从任何地方开始复习，而不必为不知从何着手而苦恼。例如，你可以打开任何一个文件夹，或者马上调动记忆为一篇议论文打草稿，以及做可以让你将注意力集中在复习上的任何事情。此时，你的思维更能得到启发，也更有可能知道下一步应该做什么。

Chapter 7　复习策略

- 为第一个复习板块选择相对简单的内容，这样你就能较早尝到成功的感觉。

- 选择自己最喜欢的主题，迅速写下尽可能多你能想到的内容，不要停下来或者进行核对。

- 用 5 分钟写下你记忆模糊的一个主题的内容，看看在写的过程中是否能想起更多的信息，然后将你写的内容和你的笔记进行对比。

- 如果你还没有课程大纲，应尽快取得一份。通读几遍后，将上面的内容与你在课堂和研讨会上学习到的内容作比较，因为往往会有一些内容是要求你进行自主学习的，而不会在课堂上或研讨会中出现。

- 获取考过的试题，将试题上的内容和课程大纲中的主题作比较，并且还要注意观察考题的风格和形式在近期的试卷中是否出现了变化。

- 完成"有条理的分块复习"的前几个板块（详见 Chapter 9）。

复习多少才够

对于同一个科目的内容，你在考试中的可用时间要少于课程论文或研讨会的时间。但这并不意味着，在考试中你得用超人般的书写速度，来涵盖像论文那样多的内容。考官希望看到的是更简明的回答，并且你能够有选择性地写出重要的信息。

1. 找出重要信息

对于你要复习的每个主题，都应找出以下内容：

- 这个主题被分成了哪些关键主题或话题。

- 每个话题所包括的主要观点、主要思想学派。
- 在该主题下所存在的不同时期的争论焦点。
- 近期与主题相关的重要争论。
- 每个话题下进行的最重要的研究,是谁在什么时候进行的,以及该研究的重要性。
- 关于该主题和相关领域最新的重要研究。
- 你认为最令人信服的相关观点有哪些,以及你为什么会这样认为。

2. 绘制示意图

每个论题可以通过示意图来归纳总结以下相关内容:

- 关于该论题的重要思想学派。
- 各思想学派关于该论题的观点。
- 各学派的观点有何令人信服之处。
- 各学派的观点有哪些缺点。
- 这些缺点是否重要。
- 这些观点的主要反对者是谁。
- 重要的贡献者及做出贡献的年代(或年份)。
- 简述该论题主要方面的一些最重要的研究细节(要规定自己最多写几行字),以及为什么这些很重要。

3. 总结

将最基本的信息总结为以下形式:

- 标题和要点,以便于有结构地组织信息。
- 几个段落,作为一篇论述文的基本组成部分。
- 一个段落,来作为一篇论述文的主题。
- 一个句子,你只需简要地引用这个内容,或仅用于结论中。

4. 主动选择

如果你复习了太多的内容，就意味着你在考试中要决定舍弃哪些内容。更有效率的做法是在考前就决定好舍弃哪些内容，并且把决定的过程作为复习的一部分。在复习过程中，你不仅要花时间学习一些内容，还要用一些时间来决定在那些具体问题中，哪些内容是你可以忽略的。

5. 发现不同

同一主题下的两个问题需要呈现的内容可能会完全不同。在考试中，不要把写下所有你知道的内容作为目标，还应考虑一下如何根据题目的不同表达，让你的答案也具有一定的变化。

6. 复习的主题太少

在考试前，我们总能听见学生在争论，通过考试只要复习几个重要主题或话题就够了。学生也总会有如下错误的假想：

• 每一个自己复习过的话题都会出考题。而实际上，有些话题考官可能并不会出题，所以为了安全起见，你需要复习所有的话题。

• 题目的内容大部分都是在课堂上或者研讨会上出现过的内容。然而，针对你特别喜欢的话题所设计的题目，涉及的内容可能要求你有更广泛的阅读量。

• 每个问题都只会就一个话题的内容提问。但在考试中，我们经常遇到这样的问题，它要求你能联系、比较或对比课程中不同部分的内容，这通常都会涉及两个或两个以上的话题内容。

7. 增加你成功的概率

（1）什么是真正的"关键"

我们需要花时间去思考，在回答每个论题下的具体问题时，对于与之相关的主要思想流派、理论、研究、争论、最新发现及重要性，哪些方面才是最关键的。并且，在加入次要的研究和例证的时候，也要有所选择。

（2）复习两倍的内容

你复习的主题数量至少应该是考试时需要回答的题目数量的两倍。

（3）多主题问题

思考有哪些问题可能会要求你进行对比、比较或者联系课程中的不同主题，为这类问题准备答题纲要。

（4）覆盖宽度与最新趋势

阅读话题相关内容时，不要仅仅局限于课堂的笔记。在考试中，要表现出你对话题相关领域探讨的兴趣，既要知道该学科最近一段时间的研究趋势，也要知道这种趋势正在发展成为一个什么样的新领域，以及引发了什么新的事件。

8. 相关章节内容

参见"考官想看到什么"（详见 Chapter 6）。

参见"有条理的分块复习"（详见 Chapter 9）。

制定复习时间表

应避免在制订复习计划上花费过多的时间，而真正用在复习上的时间却很少。人们经常会把时间浪费在制定一份又一份的复习时间表上，这种情况在备考中并不少见。

在复习中，制订一个基本计划是很有用的，它可以保证你按时复习完规定数量的内容。但如果你发现自己花在制订计划表上的时间，要多于快速调整计划的时间，你就需要考虑：

一份复习时间表并不需要成为一件艺术品。

- 你是否把不断制定新的时间表当成了拖延战术，因为你还不想真正开始复习？

- 为什么你要使用拖延战术而不愿意真正开始复习？是否需要采取措施来解决这些问题？

制定你的复习时间表

- **使用铅笔**。使用铅笔制订计划，这样就能只修改计划，而不必重新制订一份计划。

- **利用你的日程**。可以将复习目标融入你的日程，这样你无论什么时候看到自己的日程，都能提醒自己将要复习的下一个主题或内容。

- **使用大段的时间**。在你的时间表上，要为内容较多的主题留出更长的时间，而不是以每小时为单位。

- **利用多样性**。对于时间较长的复习板块，利用多个论题或主题来保持你的注意力。

- **利用热身活动**。在每个复习板块的开始阶段设计热身活动，这是一个集中注意力的好办法。

- **利用切换策略**。穿插安排你喜欢的话题和不喜欢的话题，不要把所有困难的内容都留到最后。

- **注意现实性**。你的计划越是在你的能力范围内，你就越有可能执行它。确保你在计划中为其他重要的任务留出了足够的时间。

让复习变得有趣

选出你可以尝试的策略。

The Exam Skills Handbook
自我测试手册

1. 和他人一起复习 □

（详见第 125—127 页）

2. 使用色彩 □

用不同颜色的铅笔、马克笔或者其他类型的笔，来突出你笔记中的重点内容，用同样颜色的笔来标明相关联的内容。想想色彩能带给不同的话题什么样的特征和基调。

3. 人名辅助 □

（详见第 139—140 页）

把历史名人、小说人物或体育明星的特征，赋予你所学的内容上面。思考把哪些足球明星、亲戚或同学放在一起，可以发生这种化学效应。这些内容如果放在小说、戏剧或者法律案件中，它们又会扮演何种角色。

4. 改变时长 ☐

为不同的话题分配不同的学习时间，这样在一段较长时间的板块复习中，你就会既有一些用时较短的复习内容，也有一些用时较长并且较为深入的复习内容。对于那些你感觉比较难的主题，要采用少量多次的办法进行复习，而不是在一个复习板块内就要掌握全部内容。

5. 设计可能会考的问题 ☐

查看该科目或者相似科目历年的考题，并根据学过的内容，自己设计类似的问题。思考相似的问题，更有助于你记忆有关内容。

6. 发现联系 ☐

寻找各部分内容之间的联系，如果你在考试中遇到涉及几部分内容的问题时，这将会对你很有用处。

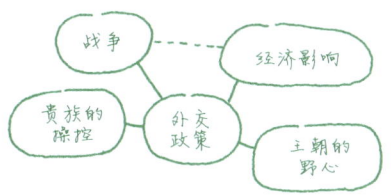

7. 画示意图 ☐

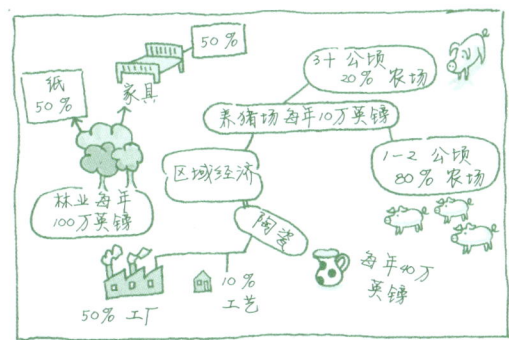

发挥你的创造力，让学习内容更好记，视觉上更妙趣横生。

画一幅示意图来解释所有的关键要点。

8. 阅读新的材料 ☐

如果你觉得对所复习的内容丧失了兴趣，可以浏览一些新的相关材料，比如在一本著名杂志上发表的关于该主题的最新文章。

9. 选择立场 ☐

不要只是简单地学习不同学派的观点，而应判断哪一方的观点更让你信服，以及它能让你信服的原因。

10. 编成歌曲 ☐

将重要的内容编成歌曲，为不同话题使用不同的曲调。

11. 改变地点 ☐

换一个图书馆复习；去散散步，清醒一下头脑；到河边复习；去爬山。

12. 制定个人目标 ☐

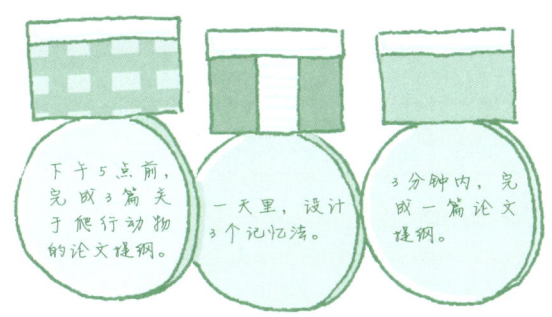

和他人一起复习

复习并不一定得独自一人，也可以组建一个学习小组，来让复习变得更加有趣和高效。

1. 和他人一起复习的好处

和其他人一起复习有许多好处，主要有：

• 听到不同角度的意见。其他人分析问题的角度可能会与你有所不同，因此你会形成更全面的观点。

• 和他人谈论复习内容能让你理清头绪，并且能够准确找出需要进一步探索的内容。

• 经过讨论和争论后的话题，在考试中更容易回想起来。

• 知道自己在复习时并不孤单，尤其是在你感觉孤独的时候。

• 小组成员可以相互帮助，专注每个复习板块的落实，可以更有效地利用时间。

2. 组建一个学习小组

如果你更喜欢和他人一起学习，你可以选择加入一个已经存在的小组，或是自己组建一个。你可以这样做：

- 邀请班上的同学在课后学习，一起复习课上一些较难的内容。
- 在学生告示栏上贴出邀请信。
- 在学生聊天群中发出邀请。
- 和你的导师聊聊，导师可能会帮你联系一些有同样学习意愿的学生。
- 和大学里的学生服务部门或学生会里的服务支持部门沟通，他们也许能够帮助你建立一个学习小组。

3. 制定基本规则

制定一些大家都认可的基本规则，有助于小组成员增强联系、保持专注，在出现分歧的时候也更容易解决。每个小组都会制定适合自己的基本规则，可供参考的内容有：

- 学习的频率。
- 学习的时间和地点。
- 每次小组学习的时长。
- 是否能携带食物或酒精饮品。
- 如何决定小组成员资格。小组是会鼓励新成员的加入，还是当人数达到一定规模时就停止吸纳新成员？

4. 怎样进行小组复习

每个小组都是相对独立的，因此也会有自己的学习方式。如果你不知道应该从何开始，可以参考以下做法：

- 提前拟定下一次小组学习的内容，这样大家都能预先做好准备。
- 尽早确定小组学习包括哪些内容，不包括哪些内容，这样小组成员就可以相应安排自己的复习活动。
- 每次学习都控制在一两个话题以内，但可以从多个角度进行讨论。
- 要求每个成员都要为每次小组学习准备具体的讨论内容。
- 在每次小组学习的最后预留出一定的社交时间，作为充分利用时间的奖励。

5. 分担复习任务

可以通过小组内的合理分工,来互相分担复习任务,以节省大家的时间。例如:

- 搜集每个人都需要的信息。
- 寻找历年的考卷。
- 带领大家复习一个话题。
- 查找期刊中关于复习内容的最新文章。
- 确认关于考试本身的细节。
- 为小组活动做规划。

6. 注意避免

- 把时间用来交换彼此沮丧的心情,增加大家的负面情绪。
- 和他人一起浪费时间。
- 直接抄写别人的笔记。

小组复习时做的事情

- 检查自己的课堂笔记是否完整。其他人对于课堂知识或研讨会内容的理解,可能会和你有所不同。你也许会发现自己有听错或误解的内容。
- 核对你们对某个内容的理解是否一致,对于某个问题的理解是否存在分歧。
- 讨论如何将一个复杂的主题内容,用清晰易懂的图表表现出来。
- 对所学内容最新的动向进行辩论。
- 总结重要理论的主要内容。
- 总结不同学派观点之间的主要区别。
- 一起重做考过的试题,看自己在回答每个问题时,需要多长时间才能找出要点。

哪些地方会出现问题

制订复习计划的时候,我们总是雄心勃勃、信心满满,但当计划真正执行起来时却可能会困难重重。虽然我们很希望自己的计划能够实现,但是聪明的做法是提前考虑有哪些地方可能会出现问题,这样我们就能准备好对策保证计划顺利进行。

1. 自我妨碍

复习时,我们最大的敌人往往就是自己。例如,我们可能会:

- 浪费时间,例如,不停地喝咖啡,给朋友打电话,整理自己平时不大收拾的地方,去做一些本可以等考试结束后再完成的事情。
- 太过用功,不懂得劳逸结合,导致筋疲力尽。
- 一提到复习总是明日复明日。
- 总在深夜复习,让自己很难入睡,这会导致你在第二天精神萎靡。
- 被朋友说服去做复习之外的事情。
- 制订糟糕的计划,导致没有时间复习足够的内容。
- 把时间都浪费在各种担忧上,却不开始复习。

2. 其他可能出现问题的地方

- 家人和朋友是否会妨碍你复习?
- 制订计划时,我们是否需要把生活的一些其他部分,比如孩子或者工作,也考虑在其中,以使自己的计划更加切实可行?

Chapter 7　复习策略

> 📖 思考
>
> 你是否有妨碍自己复习的可能？你应该采取怎样的行动来防止这种情况发生？
>
>
>
> 还有什么事情会阻碍你的复习？你应该怎样应对，才不会被拖累呢？

结语

　　复习是备考的重要组成部分，而且复习也没有一个固定的做法，最终你需要自己判断哪些策略和技巧的组合是最适合你的，而这一切要通过多次试验及最后的结果才能总结得出。这个不断试验的过程，也是你取得分数的一部分，因为你的首要目标是取得一个好成绩。然而，你也需要考虑在复习阶段中自己的兴趣度、享受程度和投入程度，以及在复习中对所学知识获得的一个长期的领悟和理解。

　　备考的一部分任务，是知道有哪些因素会阻碍你的复习进度，并确保自己已经有相应的计划能够处理这些因素带来的干扰和困难。他人也许会用充足的理由，证明你应该用别的方法复习。这可能是因为他们所建议的方法，对他们来说十分有用，也可能是因为他们有别的动机，比如想借此扰乱你的复习计划。所以，你必须清楚哪种方法对你的复习最有效，不要因为别人在使用某种复习方法，你就完全照搬。

好的复习方法至少会让你有可能顺利通过考试，甚至感觉更好。然而，如果你还想取得更好的成绩，建议你采用全面的备考策略，而不仅仅是专注于复习。这种全面的备考策略包括形成控制情绪的策略，以及明白这些策略与你在考试中表现好坏的关系。

要了解更多这种全面的备考策略，可参见关于"考试甜区"、压力管理和改善记忆力的章节。在 Chapter 9 中你能找到更多关于在每个复习板块应该做的事情，并提供了一些有条理的复习板块供你借鉴和使用。

Chapter 8

记忆力：需要时，记起想要的内容

学习目标

本章内容将帮助你：

- 了解你的记忆力，以便你能更有效地利用它。
- 鉴别对考试有用的信息。
- 缓解记东西时的紧张感。
- 在训练中提高你的记忆力。
- 运用记忆方法回忆起细节。
- 构建知识体系，提高记忆效率。

对于大部分参加考试的学生而言，记住你所学的知识，并且能够在考试中灵活快速地运用它们，显得十分重要。许多学生经常担心自己的记忆力不够好，会影响自己在考试中发挥。然而，我们可以根据考试对记忆力的要求来训练它。并且，深入了解记忆的规律，能让我们更轻松地运用记忆方法，帮助你记起需要的内容。

在考试中，你并不需要死记硬背所学过的知识。事实上，那种依赖机械的记忆也不利于你在考试中的发挥。因为在实际考试中，需要你更灵活地运用所学知识，而不要受所学知识的某些特定次序的拘束。构建知识体系会让这一学科对你来说更有意义，同时考虑一下在回答某些问题时，你真正需要记住的是什么，这样你会获益更多。

通过有效地组织、压缩和运用相关材料，能提高你在考试中回忆信息的能力。练习回答考题，也能强化记忆力。某些特定的记忆训练方法，能让你在考试中更好地运用所学知识。

关于记忆

1. 让记忆力为我们所用

如果你在担心考试中记不起学习内容，放心，记忆力在训练后会变得更强。但是，要找到最适合自己的训练方法练习，是需要一定时间的。

在考试中，我们依靠的是记忆力的"回忆"功能。而我们在考试时的回忆能力，首先取决于我们将信息输入大脑时的效率。与是否具有先天的好记性相比，我们是否付出的努力更关系到我们能否记住信息。我们在为信息在大脑中构建体系时，记忆力对我们付出的时间、努力和想象力也会有所回馈。

2. 记东西需要花时间

擅长考试的人，通常并不是靠的运气。他们在备考过程中，认真复习，

Chapter 8　记忆力：需要时，记起想要的内容

长期构建知识体系，运用多种记忆的方式方法——这能让他们在某一特定时间内，更好地回忆起所学知识。正如本页图片中的注意事项所示，记忆力是一种与学习和生活的各个方面都息息相关的大脑能力。

3. 效率过度

矛盾的是，我们记不住东西的原因之一是大脑的效率。遇到熟悉和看似平常的内容时，大脑通常会将其归为无趣的和不重要的信息。大脑会觉得没必要去注意或记住这些信息。如果我们想要确保能记住东西，就需要让大脑：

- 停下来，想想之前记的是什么内容。
- 理解现在记的是什么内容。
- 集中注意力，记住细节。
- 用一些方法去辅助自己日后回忆，比如把要记的知识和一些新鲜好记的内容联系起来。

关于记忆：记忆力要食补

记忆力不是在真空中运作的。我们的大脑不仅需要合理的物质补给，而且需要休息，这样才能保证其高效运作。

1. 考试时该怎么吃

你可能已经很清楚怎样才能"吃得明智"和"吃得均衡"，只是无法长

期坚持去做。但为了能在考试时有良好的发挥，在自己考试前几周或几个月，保持饮食均衡还是非常值得的（详见第 229—230 页）。

吃那些让你觉得舒服和满足的东西，不要让吃东西成为你的负担，所以要好好想想怎么让食物吊起你的胃口。

2. 补脑食品

科学研究表明，确实有些食物能帮助人们提高认知能力。

3. Omega-3 和 omega-6

研究显示，连续 3 个月摄入这种 omega 物质的小孩，和那些未摄入这种物质的小孩相比，专注力和阅读能力都有所提高。像鲭鱼这样油性鱼类和亚麻油中，都富含 omega-3 和 omega-6。

4. 大豆异黄酮

大豆异黄酮是黄酮类化合物，被称为"植物雌激素"，有助于提高记忆能力。一日三餐中豆制品吃得多的学生，好几项记忆功能都有大幅度提高，包括长期记忆。并且，他们的大脑灵活度也有所提高，能更好地运用信息。

5. 饮品

水有助于大脑内的电磁活动，当水中添加了糖类物质、牛奶、咖啡因和其他物质时，功效会不一样。即使只有 2% 或稍高一点的轻微脱水，对记忆和认知能力也会产生重大的影响。

沃伯顿（Warburton）等人发现（2001），市场上出售的那些含有咖啡因和牛磺酸的能量饮料，比无糖或富含糖的饮料更有助于大脑的信息处理。然而，过多饮用咖啡也会阻碍学习，因为这会引起学生紧张和焦虑。

Chapter 8 记忆力：需要时，记起想要的内容

关于记忆：无意识的工作

1. 睡眠

如果你能这样做，你会记得更牢：
- 先复习材料。
- 然后睡觉。
- 第二天再复习。

2. 睡觉的时候，大脑在吸收你所学的知识

当你处于深度慢波睡眠时，大脑中的皮质层部分就会开始工作——吸收新材料，去理解你白天所学的和所经历的。如果我们在复习与考试之间没有这样的深度睡眠，就会错失大脑皮层的帮助。

啊！现在我明白了。我再也不会被越位的规则弄糊涂了。

3. 时间和潜意识

即使醒来的时候，你的潜意识也还在处理着学习过的材料。有时你也能注意到这点，比如你正对某块特定区域的知识百思不得其解时，却突然一下子就明白了。而对有些人来说，大脑往往需要用几周或者几个月的时间，才能弄明白材料。

而且，你也不太可能记得仅在考前一天所学习的内容，因为无论是醒着时的大脑，还是睡熟后的大脑，都还没有机会来处理这些新内容。

4. 休息的作用

即使你没有在学习，潜意识也在继续工作，所以休息并不是一种浪费。

多休息有助于大脑吸收新知识,比如,散步不仅能消除不必要的紧张情绪,还能让你的思维更活跃。

5. 反复思考

留给大脑思考信息的时间是很重要的,包括主动的回忆和一段时间内无意识的思索。这能让信息成为长期知识体系的一部分,从而记得更牢。

缓解记忆紧张

1. 与记忆力相关的紧张情绪

学生们会担心自己的记忆力不够好,是一件很正常的事情。

2. 缓解紧张情绪

如果你也为自己的记忆力担心,可以采取以下做法:

(1)心平气和

记住,紧张感和焦虑感会让你记不住东西。因此,你首先要考虑的是,如何控制自己的紧张感。如果你能够让自己很快达到心平气和的状态,你的记忆力就会更好(详见 Chapter 10)。

Chapter 8　记忆力：需要时，记起想要的内容

（2）相信自己的记忆力

人们常常会低估了自己的记忆力。如果你开始为自己的记忆力担心时，就要将注意力放在你记住的所有内容上，而不是极个别场合才会遗忘的事情上。

（3）不要高估他人的记忆力

尽管人的记忆力有好有坏，但是这通常是由于对材料的熟悉程度不同，看得多有助于构建好的知识体系，而且不同的人在自信心和记忆策略上也会有差别。很少会有学生没采用一些方法，就能在考试中表现很好。

（4）记忆力能训练出来

记忆力水平并不是一成不变的。你可以采用一些手段和策略改进记忆方法，从而不断提高自己的记忆力。

关于记忆：分层方法

1. 要引导，不要强迫

在被强记一些东西时，记忆力是不会有好表现的。如果你一直想不起来，那么先去做点儿别的事情，过一会儿再想。因为往往当你不再苦苦思索时，你需要的信息就蹦出来了。

2. 分层的记忆

我们对新内容的理解和回忆是逐步建立起来的，这对困难和复杂材料来说更加有效。第一步，你要找出最容易最简单的主题或版本。在看较难一些的内容之前，先用这个打下基础。

你第一次接触信息时,可能只对名字和细节有一点模糊的概念。第二次,你就会觉得其中的一些信息很眼熟。第三次,你很可能会主动搜寻熟悉的信息,同时还会注意到其中的一些变化。你会有意识地搜索类似名字和时间这样的细节,试试自己不看材料能不能记得住。

每一次,你从一个新的角度去看材料,你的大脑对材料的印象会更深刻,以后你回想起来也就更容易。

这种运作方法意味着,即使你在考试中很紧张,想不起记忆更高层的一些细节内容,比如下图所示的第 5 层,你也还是能记得一些基本信息(第 1—3 层)。一旦你开始思考,这些信息就会刺激你的记忆往更高层的细节上回忆。

5. 阅读的内容更专业,范围更广泛,更注重记住特定的细节。

4. 围绕着话题阅读,去理解问题、不寻常的应用、争议和相关材料。

3. 更深入地去理解核心信息和不寻常的特征。

2. 看更详尽的材料。

1. 粗略的框架和基本事实。

关于记忆:"不止一次"

1. 复合式体验

如果能从不同的角度去看同一个材料,我们的记忆就会更精确。这样可以将我们想记住的材料,构建成复杂的内部"图景"或"架构"。与只复习一本书或自己笔记上的材料相比,如果我们

将从不同角度和渠道（书、学术期刊、直接经验、沉思、笔记、讨论）中获得的信息综合起来，更能建立起错综复杂的心理图式。

2. 谁的叙述风格更适合你

有时，我们只从一种渠道看到或听到的信息，会不太容易理解。之后，又从其他渠道看到相关内容，似乎只会让我们更加困惑。然而，每个作者的写作方式会有所不同，每个人所强调的内容、参考的资料、阐释观点的也不大一样。多看几个版本的叙述，我们会更有可能找到适合自己获取信息的版本，更有可能找到自己好理解的叙述风格。

3. 重复也是有效的

我们遇到某个东西的次数越多，回想起它的可能性就越大。复习的时候，看同一份材料好几遍，每一遍的时间短一点，很可能比花很长时间来看，却只看一遍的效果要好很多。

> 重复帮你记住信息，长时间都不会忘记。
> 重复帮你记住信息，长时间都不会忘记。
> 重复帮你记住信息，长时间都不会忘记。

关于记忆：特殊效应

1. "惊愕效应"

如果一个事物在某方面让你感到奇特、怪异或者出乎意料，那么它就凭借它带给你的惊愕感留在你的脑海中。你也可以用很简单的方法制造这种"惊愕效应"，来帮助和加深你的记忆。比如，通过信息在纸上的分布、不同颜色的使

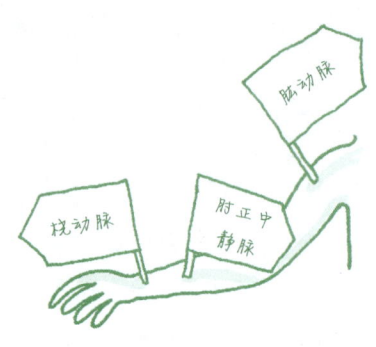

用,还可以将材料用到意想不到的情境里。

比如说,你在记忆血管时,想象它们在身体外面流淌,并有标明相应名称的旗杆插在各个血管上。总之,就是越不寻常、越奇怪、越令人震惊的设定,给记忆的印象就会越深刻。

2. "人物效应"

即使是在婴儿时期,人的脸部也比其他信息更容易引起我们的注意,因而与真人相关的信息会更容易被记住。你可以将想学习的材料与真人或角色人物联系起来,制造"人物效应"来加强记忆。

例如,想象你喜欢的音乐家、流行偶像、剧中角色、足球运动员或者历史人物,在向你阐述某一主题。想象他们是研究发现的焦点,这些成果会对他们的生活有哪些影响,或者如果他们在记者招待会上听到这些研究成果会有什么反应,抑或如果他们是你的客户,需要你为其解决私人或商业问题。

考试记忆

1. 记忆在考试中的作用

因为很多学生都会担心自己考试时记不住信息,所以教育者常常会弱化记忆力的重要性,而去强调其他方面的重要性,比如对材料的充分理解,或是长期持之以恒地学习。虽然这些方面也很重要,但是记忆力在考试中发挥

Chapter 8　记忆力：需要时，记起想要的内容

的重大作用也是毋庸置疑的。

虽然考试不仅仅考的是记忆力，但是：

- 如果我们能记住要考的材料，对考试会有很明显的帮助。
- 如果我们在考试时能记起需要的材料，我们会更有自信。

2. "考试记忆"

考试记忆和大多数日常记忆是不同的。在日常生活中，我们和记忆频繁打交道，不费吹灰之力就能记住大多数要记的东西。考试记忆则不一样，因为它要求我们必须在特定的时刻回忆起特定的信息。能逐步巩固地学习自己所计划的课程的人，大部分也能建筑起稳固的知识体系（详见第157页）。对于他们来说，在考试中回忆起相关材料就变得像回忆日常信息一样简单。但是，如果我们想在需要回忆特定信息时更有把握，采取特定的策略来辅助记忆是比较有效的方法。这样，我们可以更好地掌控自己的记忆和材料。

3. 考试记忆不是"纸牌魔术"型记忆

考试记忆不需要我们拥有变魔术一样的能力，比如只看一次就正确记住一长串数字的次序，或是像玩纸牌魔术一样。考试并不需要这样的"超能力"，很多学生没有"超能力"，照样可以很好地回忆起相关知识，也能考得很好。

我要记住哪些东西

1. 写小论文的考试要记住哪些

考试中要求写的论文比课程论文要短，因而你需要记住：

- 准备与主题相关的材料，主题的数量至少是你考试所要回答问题的两倍，这样你会有更多的选择。
- 给每个问题的要点列出小标题，在小标题下按重要性罗列细节内容。
- 每个与要点相关的细节内容，应比课程论文的内容更简洁。
- 每个要点需要有一两个引用。
- 背景知识能让你更了解主题，你在回答考题时尽量将背景知识概括成一点。

另外，需要记住：

- 考试时你可能没有时间去写较次要的细节和引用，所以如果复习中没有时间去了解这些的话也不必担心。
- 针对同样的主题，在回答不同的问题时，材料的筛选组织也要有所不同。

2. 做简答题和多选题，有哪些要记忆

- 要做好简答题和多选题，课程的边边角角的知识你都要学习到。
- 你要知道课程全部的要点和引用，并能将其列在小标题或问题下面。
- 在复习时，考虑你所学的内容更适合考多选题，还是简答题。将信息点写到卡片上，随身携带，空闲时就拿出来看看。

3. 理科类课程

你需要了解：

- 典型问题和解决问题的理论及步骤。
- 解决问题的每个步骤及正确的顺序。
- 和老师所教的一字不差的准确信息，以及对概念的大致理解。
- 数学公式。

Chapter 8　记忆力：需要时，记起想要的内容

训练大脑：分组和标注

1. "5 个一组"

如果你把信息大概分成 5 组或 5 大块，会更好记。要记 6 组或更多组的话，就难多了。如果分过这 5 组后，还有很多信息要记，就继续分组，直到每一层级都只有 3~5 组。

```
        A          B          C          D
        |          |          |          |
      aaaaa      bbbb       ccccc      dddd
        |_____|          |_____|
         |        |            |        |
        xxx    yyyyy         sssss    zzzzz
```

2. 标签也有用

给每组取一个描述性的名字作为标签，这样有助于你记忆。

3. 同类相归

将相似的材料分到同一组，这会让你感觉要记的东西变少了，还能让你更好地回忆起相关信息。

4. 记得多比记得少更容易

重要的不是我们要记住多少，而是我们怎样在记忆中将信息组织起来。如果组织得好，多记信息就会比少记信息更简单。比如说，记住下列 10 个条目可以比记 7 个条目更容易，只要你：

- 将 10 个条目分成 3 组，每组为 3~4 个条目。
- 在 3~4 个条目中找到关联性。
- 主动找出记住这些信息的方法。

> **举例**
>
> **10 个条目的清单**
>
> 算算自己记住下列条目要花多长时间：
>
> 1. 橙子　2. 桥　3. 动脉　4. 太阳　5. 巧克力
> 6. 静脉　7. 酸橙　8. 马　9. 毛细血管　10. 柠檬

5. 有逻辑地分组或分类

首先，应当将各个条目有逻辑地进行分组。我们可以发现以上的条目中，有 6 个条目可归为两类，即血管类和水果类。给这些条目贴标签，可以让我们记得更容易，尽管加上标签后我们要记的东西总量会增加。

> **举例**
> 1. 血管类：动脉、静脉、毛细血管
> 2. 水果类：橙子、柠檬、酸橙

训练大脑：联想的力量

几乎所有记忆训练的基础都是开发大脑联想的潜能——就是将我们遇到的新材料和大脑已经知道的东西联系起来，如颜色、音乐、亲戚、儿时记忆、电视节目。

1. 创造性地联想

虽然第 143 页剩下的 4 个条目在逻辑上没有联系，但是如果你创造性地把它们联系起来，就会比较容易记住。比如：

• **故事**。想象这 4 个条目在同一个场景或故事中出现，就能将它们立刻联系起来。

• **画面**。想象这 4 个条目有着不同寻常的联系。

无论你用什么手段，只要能找到发挥自己想象力的版本，才是最重要的。以下几个情节，适用于不同个体的记忆。

• 巧克力做的马在太阳下融化，

Chapter 8　记忆力：需要时，记起想要的内容

淌到了桥下。

- 巧克力色的马看着太阳在桥上升起。
- 在日落时，骑马过桥，喂一块巧克力给马儿。

2. 将考试内容联系起来

大多数考试要记的内容，在逻辑上都是有联系的，但是你的大脑不一定能立刻找到其中的逻辑。一方面，可能因为你对内容的理解不够，所以不知道其中的关联（比如说你可能不知道毛细血管是血管的一种）。另一方面，不同语言的名称、专业术语或词汇之间，也缺乏一目了然的逻辑联系。你可以用各种联想来记住课程内容。这些联想包括：

- 个人解读。
- 地方感。
- 组织设备。
- 用我们的感官提供视觉和听觉联系。

训练大脑：让材料有意义

1. 它必须"讲得通"

如果你对材料一窍不通，那么记住它就会有些困难。你可以通过以下方式加强对材料的理解，帮助自己记忆材料。

（1）先看自己懂不懂

先检查一下自己能不能理解材料。它对你来说讲得通吗？如果讲不通，就要停下来，弄明白。

（2）写下来

不看笔记，把材料的提纲写出来。如果你还需要一直看笔记确认的话，那么就说明你没有完全弄懂材料。

（3）运用

注意在做以前的考题或者自己提的问题时，你能否轻松回忆起相关内容，并用自己的话回答吗？

（4）向他人解释

你能够向他人解释，并且不让自己或者他们感到困惑吗？此外，鼓励其他人向自己提问，看看自己能否回答。

2. 理解含义

如果你不太理解材料的意思，就应该：

- 再看一遍材料，理解大意。
- 再看一遍材料，着重看那些不太懂的地方。
- 和理解了这个主题的人讨论一下。
- 读不同的刊物。它们阐释或者呈现材料的方式，或许更适合你。
- 用自己的话写下这些内容。
- 画图表，将不同部分的内容组织起来。

3. 个人联系

如果所学的材料和对你具有特殊意义的材料相关，那么你记忆起来会更简单。比如说，将课程和下列内容联系起来：

- 对你很重要的数字，比如说生日或门牌号。
- 你认识的人，或是在报纸和电视上看到过的人。
- 你和你认识的人将会如何被某事物影响，或者在特定情境下他们会如何回应。

训练大脑：组织信息

大脑更容易记住组织合理的信息：

- 如果你按照逻辑组织相关材料，大脑可能会更容易和快速地找到信息。

Chapter 8　记忆力：需要时，记起想要的内容

- 如果你不按照自己能回忆起信息的方式组织信息，大脑就会按照自己的方式来组织。
- 组织课程内容时，可以交互式地运用材料，这会帮助你日后记起它。

1. 编号

如果你知道一个列表上有多少条目，可能会更容易记住这些内容，所以你需要：

- 给条目编号。
- 复习列表时，在脑中读出数字。
- 检测自己是否记得列表上有多少条目，以及每一个条目对应多少号。

2. 分成若干部分

如果材料分成了几个主要部分，记起来可能会更简单。你可以想一下材料有多少部分，这既可以是它的数目，也可以是视觉上有多少板块。

3. 贴标签

给每部分贴一个简短清晰的标签，用来总结该部分的内容，标签可以是一个问题。

4. 列表

画一个简单的列表，你可以随身带着它，有空时就拿出来看一下。

5. 构建体系

如果信息的体系构建得好，可能会更容易回忆起来。这就要：

- 找到最重要的几个要点。
- 按重要性把要点列出来。
- 将要点分成几个部分。

- 找出各部分的小要点。
- 把上述内容做成图表，每一条信息和其余信息的关系就会一目了然。

训练大脑：用你的感官记忆

1. 感官记忆

记忆对感官很敏感，将材料与感官联系起来，能让记忆更高效地工作。这取决于：

- 我们在学习材料的时候，用了几种感官，比如视觉、听觉、触觉。而其他感官对于考试来说没有什么效果，因为在考场很难复制同样的场景来回忆信息。
- 我们在学习材料时，是否加入了我们更喜欢的一种或几种感官进去。因为通常我们会对某一种或几种感官有个人的偏好，这在学习材料时会比较有帮助。
- 在考试中，为了记起材料内容，要主动调动感官，尤其是我们喜欢的那些感官。

2. 视觉记忆

你可能对知识点在你书上或笔记的哪个位置有一定印象，这也可以反过来促进你的大脑记住全部信息。当你试图回忆某个信息时，如果能在脑中"看到"它在纸上哪个位置的话，就证明你的视觉记忆是不错的。这样，进一步开发你的视觉记忆，就会帮助你记忆考试内容。

3. 建立视觉记忆

开发视觉记忆，需要你：

- 给你的大脑多一些"看"信息的机会，将注意力集中到信息的视觉特征上。
- 让你的材料在视觉上更突出，比如以表格、图片、漫画的形式呈现。
- 通过信息的布局、形状和颜色的运用，让每一页都与众不同。

Chapter 8　记忆力：需要时，记起想要的内容

- 主动去核查信息在纸上的哪个位置。
- 有条理地看信息，从主要到次要，这样你的"运动"记忆会加强视觉记忆。
- 用颜色和形状去突出书中的主题，或者将信息在图表和页面的什么位置标注出来。

4. 触觉和动觉记忆

通过实际的行动，比如"做"和"感"，你可能会更容易记住材料，这叫作动觉记忆。比如说，画个图表，或将信息写出来，都能帮助你记住材料。这比只"看"有用多了。弹奏或打拍子，能让你记住一首曲子，而只看曲谱或仅在脑中过一遍就不一定能够记住了。如果你也有类似情况的话，下面的方法对你可能会很有用：

（1）给自己发信息

要是觉得有些东西记不住，编辑成信息发给自己。

（2）写下来

多写几遍材料或多打几次出来，能有助于你日后回忆这些内容。

（3）用手指着材料背

背东西的时候，用手指着要背的部分，逐字逐句地顺着它的顺序移动，或者把要背的知识点画成图表连在一起。

（4）默读

默读材料能帮助你记住信息，因为默读时肌肉也会运动。考试时，你则可以默背回忆信息。

5. 听觉记忆

如果你觉得一遍遍地读信息更好记，之后再听到时，或是自己口头重复时，就能回忆起来，那么你可能更适合通过听力手段学习。这样的话，下列方法就可能会对你奏效：

149

（1）用音乐伴奏或者为每个主题配上特定的音乐。
- 说唱、哼唱或者歌唱皆可。
- 为材料配上节奏感强的音乐。

（2）听材料
- 将材料音频下载到你的手机或平板电脑上听。
- 参与讨论或辩论。

（3）自己说
- 大声说。
- 大声读出来，录下来，再播放。

训练大脑：轨迹法

"Locus"（轨迹）是拉丁语"place"或"location"的意思，这是一种古老的记忆方法。学者们将信息与特定的地点联系起来，一个地方的布局，比如说圆柱、道路、植物或窗户，都能为组织材料提供预先的结构。

现在很多人还在沿用这一方法，因为它既简单又实用。你可以回忆自己熟悉的场景，或者将印有材料的纸张放在家里各个位置，比如椅子上、窗台上、柜子上。

想想该给每个主题配上什么样的建筑、房间或者室外环境，看看自己是否能够：
- 在该地点走一圈儿，然后回忆材料内容。
- 将材料放在家中各个位置。
- 想象材料和地点密切相连。
- 画一张地图，帮助自己记忆每份材料与相应的地点。

1. 听力记忆和轨迹法

你可以大声说出和每个房间相关的信息，把信息背下来，或者从一个房间走到另一个房间时，一路把信息叙述出来。

2. 动态记忆和轨迹法

你可以在该处走一走，和信息进行肢体接触：指一下，碰一下，追踪它的轨迹。在脑子里把路线过一遍。如果考试时能在脑子里把路线重走一遍，自然就能记起信息。

3. 视觉记忆和轨迹法

想象自己在该地走了一圈儿，看到材料贴在家具上和其他物品上，这样你就能回想起内容。

个人记忆法

1. 什么是个人记忆法

个人记忆法是能帮助我们改善记忆的方法之一，它的工作原理就是把我们想要回忆起的信息，同我们容易记住的信息联系起来。需要注意的是，对一个人有用的方法，不一定适用于所有的人。所以我们应当不断尝试，寻找最适合自己记住东西的方法。

2. 哪些东西属于记忆法要素

任何东西都有可能成为记忆的要素，因为记忆是很个人化的事情。但是，如第139—140页所示，有些类型的联想比其他类型的更有效。要想设计一些新的记忆法，以下是一些常用的要素：

- 奇特、怪异和无厘头的联系。
- 童谣、歌曲和说唱。
- 强烈的视觉图像。
- 引人注目的或著名的地点。
- 粗略的或令人震惊的联系。
- 奇怪却好记的组合。
- 与已知的、有规律的信息相联系,如电话号码、纸牌或彩虹的颜色。

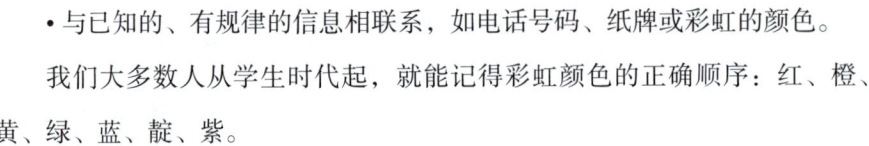

我们大多数人从学生时代起,就能记得彩虹颜色的正确顺序:红、橙、黄、绿、蓝、靛、紫。

3. 首字母造词法

很多人记彩虹的颜色时,都是记别人教的一个新造的词——"ROYGBIV",这个词是由7种颜色的首字母组成的。

4. 首字母押韵法

有的人记彩虹颜色时,是将每种颜色的首字母和一句简单的童谣联系起来:

"Richard Of York Gave Battle In Vain."

5. 编故事帮助记忆

下面的这个"故事"与胆汁色素胆红素有关,这个胆汁素是黄色的。它是一种抗氧化剂,保护细胞不受自由基氧化的影响。

Billy rubin(胆汁素)经常穿着件黄色的T恤。他在当地的一家监狱工作,守卫着牢房,①防止当地恐怖组织(自由基)的攻击。

---

① "牢房"与"细胞"的英文单词均是"cell"。——译者注

记忆法：事件和数据

1. 记住日期和数字

日期和数字是最难记的，因为它们太具体了。要记住这些，你应该：

- 有节奏地重复它们。
- 把它们细分成更小的数字。
- 把它们和私人号码联系起来，比如家里人的生日、门牌号、年份、年龄。
- 为每个数字定义一种颜色。
- 把数字和一个外形相似的物品联系起来，比如说天鹅和2，可以在头脑中形成一个直观的图像。
- 把数字和与其发音相似的物品联系起来，比如2和"gnu"，4和"door"，然后设计一个声音序列或编个故事，来帮自己记起该数字："gnu at the door——24"。

2. 定义和公式

定义与公式通常是需要重复和实际运用才能记住的。用说唱或唱歌的方式来背诵，多想想，多用几次，把它们写在纸上，直到你连看都不用看就能想起来为止。

3. 用事件和数字编故事

如果你要记住很多不同的信息，可以把这些信息都编进一个较长的叙述或故事里。这个故事不一定要有实际意义，因为无厘头或者神奇的故事可能会更好记。按自己喜欢的顺序，把能唤起自己记忆的事件填充到这个故事里。再想象其中的人物和场景，营造一种氛围，帮助自己记住故事。

> **举例**
>
> **一个神奇的故事**
>
> 1. 她的名字是（该文章的首席研究员）。
>
> 2. 她站在黑漆漆的、冰冷的森林里。森林不为人知晓，位于 X（比如说，此地以某个思想流派的名字命名）。
>
> 3. 她出生于（重大研究成果的日期）。
>
> 4. 天空中响起三声惊雷，每一声雷都和研究的某个方面相关。第二声雷最大声，因此该研究方面的意义也最重大。
>
> 5. 她的死敌——邪恶的 X 公爵，在一阵红色烟尘中出现，因为他从 Y 沙漠来（该地以一个对立理论的名字命名）。
>
> 6. 他身上带着匕首（该理论的两个方面），等等。

回忆 VS 知识

1. 在考试中快速回忆知识

以上改善考试记忆的手段需要运用较长时间，可以在复习的最后那几周最频繁使用。回忆知识的策略很有用，因为它们有助于你快速地：

- 回忆信息。
- 快速判断该信息如何与其他内容相联系。
- 能轻松挑选出与考试最相关的信息。
- 用关键信息组织答案。
- 回忆细节。

2. 以信息为基础的记忆法的局限

目前为止介绍过的记忆方法，大多数都是以信息为基础的。这种复习手段的优势在于，能快速有条理地回忆起内容。但是，它们也有劣势，比如说忽视了相对意义，以及对主题的理解。如果不深入理解主题，在回答意想不到的问题时，或者抉择什么信息该留下，什么该省略时，就很难把握好。这样会导致考试答题时，出现以下情况：

- 有很多冗余细节。
- 没有中心和方向，因而阅卷人看不到考生的论点或论据在哪里。
- 对材料过度阐释。
- 对问题的理解不够深刻。

3. 知识和思维多样性

考试成绩优异的学生，通常对该科目理解也很透彻，这不仅仅是记忆力的"功劳"。事实上，有些学生并没有采用什么特定的记忆方法，仅凭着对背景知识深入的了解，以及长期以来对知识的领悟，就能做出好的回答。

这些知识会促进思维多样性的发展，因而学生能够信心十足地回答各种问题。因为他们对该科目的了解渗透到骨子里，因此记忆方法对他们来说就没有那么重要了。当然，如果一个学生既有好的知识体系，又有好的记忆方法，在考试时就会更有把握取得好成绩。

从信息到考试知识

当我们了解的一个主题相关信息不再只是外部数据，而成为我们内部知识系统的一部分时，它会变得很有用。这种转变存在几种方式，为了考试我们需要按下列方法，来解决这一问题：

1. 聚焦

确定一些我们需要了解的话题、主题和考试问题。

2. 收集

从我们的笔记、讲义、书本和其他渠道，收集相关信息，并整理成一套笔记。

3. 筛选

选择一些相关材料继续研究，将其余材料放到一边。

4. 压缩

将其他材料压缩成要点，这样我们保留下来的材料在考试中出现的概率就会更大了。

5. 组织

我们组织材料的方式要让自己方便记忆和应用。

许多学生经常把材料做成带编号的列表、索引卡、清晰的图表、色彩丰富的表格等。

6. 搜索

找出已知信息中的遗漏，并一一补齐。

7. 处理

认真研读信息，看看哪些是和特定问题最相关的。在考试中，我们需要按照题目要求，灵活筛选和应用材料。

小贴士

- 着手要快，给自己设定一个最后的期限。
- 一次研究几个相关的考试问题，并思索一下其中的差别。
- 每个主题相关的卡片或纸张数量要有限制，这样你才能把不需要的信息删除掉。
- 用自己的话把信息写出来，增强视觉、听觉和动觉记忆。
- 按步骤把信息写下来，逐渐将自己的注意力集中到相应的内容上。

Chapter 8　记忆力：需要时，记起想要的内容

构建知识体系：求知欲

1. 什么是知识体系

知识体系是大脑里构建的精密复杂的网络。当人们长期研究某一领域时，大脑里会产生很多神经链接，大脑也会更发达。强大的知识体系不仅包括对核心学科的把握，还包括对不寻常和非典型方面的了解，以及对相关话题的认识。

2. 构建精密知识体系的好处

人们对一个学科足够了解，对于相关领域的知识也会学得更快，因为他们很容易就能看到这些知识应该填补到哪个位置。换言之，已知的信息可以帮助他们吸收新材料。比如说，如果他们知道某个特定理论缺乏论据支持，而一个新的科研论文提供了该论据，他们就能很快地认识到此论文对该领域的重大意义和价值。

当我们对一个领域的知识了解不多时，我们需要弄懂新材料，找到相关性，鉴定它是否重要。或许我们会觉得自己笨，不能很快把握主题，而真正的原因是我们缺乏对该领域的了解。

3. 如何构建好的知识体系

知识体系是逐步建立起来的，而不是临时抱佛脚就可以达到的。以下的方式，可以帮助你建立起知识体系：
- 长期接触某领域。
- 经常研习材料。
- 提问和反思。

4. 求知欲

兴趣是最好的老师。你对某领域感兴趣时，花时间了解更多内容可能会

成为一种享受。这就意味着,你会花更多时间去阅读相关话题,并且可以主动去思考。思考会让你产生很多疑问,为了回答这些疑问,你可能会更有动力去深入地研究。这种对知识的追求是由兴趣驱动的,因此了解信息时你心里会很兴奋,而不会感到焦虑。如果你能在考试中复制这种兴奋感,对回忆内容也是很有帮助的。

构建知识体系:宏观把握

1. 阅读相关内容

大学生及更高学历的学生,通常会花大量时间阅读某个学科的内容。这不仅包括教材,还包括根据自己对特定领域的兴趣,而选择的其他阅读材料。

2. 鸟瞰

树立概览某领域的志向,这样你就能居高临下地审视它。这能帮助你回答更多问题,还能知道各个细节和新材料是如何被填充进大框架的。例如,鸟瞰能帮助你解决以下问题:

- 该领域是如何发展的?有哪些人提出了哪些问题?
- 相关的核心研究有哪些?
- 该领域的主要争议有哪些?为什么会有这些争议?
- 该领域有什么新发现?
- 该领域的各个方面是如何联系到一起的?

3. 要是我对这个领域不感兴趣怎么办

如果你对该领域不是特别有兴趣，这可能会是个劣势。你可以按以下步骤来弥补：

- 主动找寻兴趣点。当我们对一个领域了解得越多，往往越容易产生兴趣。
- 提一些问题来引导自己找答案。
- 找到自己与该领域的个人联系，比如说，在什么情境下这个材料会和自己有关系？或许某个时候这些知识就能帮你一个大忙，或许你能有助于你与对相关领域有兴趣的朋友和亲戚更好地沟通。

构建知识体系：互动

如果说大多数学生都需要做改变，用以改善复习方法，这就需要他们积极地和材料互动。学生们表示自己经常花大把时间看笔记，直到看得厌烦。如果你能找到让课程更有个人色彩的方法，会对你的复习和课程作业都有帮助。

1. 找重点

纠结考试甚至作业的学生，通常会埋怨自己猜不出出卷人的意图，或者抱怨不确定哪些内容该答，哪些内容不该答。这表明，他们无法识别出复习内容中的重要信息。

识别重点很简单，了解该学科就行了。积极研习材料，慢慢就能找到重点。这要求你能：

- 了解该学科的更多内容，看各部分是怎么组合在一起的。
- 看该学科有哪些问题需要进一步研究才能有答案，这些问题通常可以在科研论文的后半部分找到。
- 查找该课题中有争议的地方，这样你就知道新材料与目前的课题在哪些地方相符或者相悖。

- 想想哪些材料能够解决该学科内不同流派之间或某些领域的争端。

2. 自问自答

有一种理解材料的方式就是自问自答。很多学生都很喜欢提问题，而事实上有些论文失败的原因恰恰在于只是提出了一连串的问题，却没有解决问题。提太多问题可能会分散你的注意力，让你无心解答问题。学习中，一旦有什么疑问，就该赶紧去找答案。

即使有些问题的答案不容易找，但在你找寻的过程中，也很有可能接触到各种材料。这会让你更了解该课题的内容和背景知识，还可能增强你的兴趣和对课题的总体把握。可能当你需要这些内容时，你就会自然而然地想起它们。

构建知识体系：用表格把握细节

有些人喜欢先了解全貌，再看细节，而有些人喜欢先从细节入手，再去了解全貌。虽然这是两种不同的方式，但无论是哪一种，在全貌和细节之间多多切换都是很重要的。因为这样能够：

- 知道细节是如何联系到一起的。
- 在学科内找到内部联系。
- 对该学科深入了解。

对于一些细节内容，我们可以通过做一张表格，来加强记忆，其中标明：

- 不同学科的主要思想流派。
- 相关的人物和研究。
- 这些研究方法是怎样互相借鉴的。
- 这些研究之间有哪些相似性。
- 这些研究之间又有哪些不同点。
- 不同条件下，每一种研究方法的优势和劣势。

Chapter 8　记忆力：需要时，记起想要的内容

追踪某领域的科研进展

发表日期	相关研究者	主要研究成果	研究成果的重要性和影响	其他评论或细节

本书后的附录 6 有一份一样的表格，以便你复印使用。

 结语

我们的记忆力是惊人的，远比我们想的要强大的很多很多。我们可能很少注意到，自己在日常生活的方方面面都依赖着记忆力。尽管记忆是复杂的，但是当我们了解得足够多时，就可以通过训练让大脑更有效率，从而在考试时回忆起我们需要的信息。

考试记忆在有些方面和日常记忆是不一样的。它需要我们在特定的时刻，能记起某些特定的信息。并且，我们考试的时间是有限的，所以即使允许我们带书和笔记进考场，还是要加强对该学科的了解。

事件和数据似乎是最难记的，但我们可以运用一些技巧来帮助记忆。这样在我们需要它们的时候，就更有把握回忆起这些内容。练习、重复，以及适合个人的记忆方法都能唤醒记忆。

考得好的学生会系统性地复习，他们在一段时间内，会从多个角度入手，在不同的场合复习。他们分层理解和记忆，这样在考试时就更安心。同时，这也会反过来提升他们的自信心，因此他们就能更冷静。考试时，头脑就会自然且清醒地回忆起东西。

成绩优异的学生，则往往会用心抓住每个机会，让记忆运作顺畅。他们休息好，吃好，还会给记忆"休息时间"，以便更好地处理和理解信息。

从学者的角度来看，最好的学生是那些花时间构建知识体系的学生。这让他们有牢固的知识体系，来帮助他们记住信息是怎样组合在一起的，哪些信息重要，以及为什么重要。考试时，这类学生不仅能回忆起事件和数据，还能根据题目的要求，快速灵活地运用材料；他们知道课程材料应该如何从多个角度和流派来阐释；遇到未曾见过的问题时，也能更好地组织答案。

你可以通过练习来掌握这些考试技巧，比如 Chapter 9 建议的分块复习技巧，还有本章列出的记忆技巧。

Chapter 9

有条理的分块复习

学习目标

本章内容将帮助你：

- 了解分块复习的重要性。
- 明确具体的复习方案。
- 改善信息管理，帮助你更好地复习。
- 设计出你自己的模拟练习题。
- 在分块复习的基础上，逐步制定出复习方法。
- 有效利用练习题和模拟考试。

在复习过程中，最常见的困难之一，就是知道自己该做什么，但是不知道从哪儿开始，不知道其他的同学又是怎么做的，也不知道自己所做的这些对于考试是不是真正有用。

本章将介绍一系列分块复习方法，帮助你有效地管理复习时间，组织材料，制定复习策略，让复习变得更加容易。如果你不知道怎么复习，那么可以从分块复习入手。

许多学生总是不愿意做练习或进行模拟考试，因为他们觉得这和真正的考试差得太远了。虽然做练习和模拟考题时你的肾上腺素分泌、动力、注意力的程度，都跟在考场上大不一样，但是考前练习还是非常有必要的。通过练习，你可以检测出自己掌握了多少知识，以及表现如何。并且，你能培养自己快速答题的能力，你在之前的练习中发现的问题还很可能会对你在考试中的答题有所帮助。本章将教你如何通过分块复习，来提高自己的考试成绩。

为什么要特意进行分块复习

1. 入门

学生们经常会在离考试还有好多天、好几周，甚至好几个月的时候，就做好了复习计划表，还会花很多时间来检查、修改，甚至重写计划表，想方设法地让这张表更好看，并把他们将要复习的内容都在表中标注出来。

尽管如此，他们很可能并不愿花任何时间来计划分块复习，也不愿意费时地思索他们进行分块复习时会用到的策略。事实上，这是不对的，因为设计好分块复习可以：

- 给你的复习过程提供一个自然的起点。
- 让你的大脑能在复习阶段开始的时候就集中注意力。
- 让你在复习的时候不会把时间浪费在走神和做白日梦上。
- 能确保你复习的内容是真正有意义的。

如果不这样复习的话,那么你就很有可能陷入无趣且无效的机械复习中。你可能会:

- 无法全神贯注地通读笔记。
- 每一个复习环节都在做同样的事,会觉得越来越无聊。
- 做白日梦,并绞尽脑汁为做其他事找借口。

2. "时间悖论"

即使你已经习惯了为考试而复习,但当你想到自己为一个大主题将要进行好多个小时毫无章法的复习时,依然会感到烦躁。你还会觉得,你已经没有时间了,没办法把所有的内容都一一看完。但其实你也很清楚,离考试到来还有很多时间。直到最后一刻,你似乎感觉还有充足的时间唤起自己的紧迫感,然而事实上,却没有充足的时间用来复习。

上面提到的这种明显的矛盾,让人很难静下心来复习。但是,通过制定短期目标和短期要得到的收效,设计你自己的模拟练习,就可以帮你克服这个时间悖论。

3. 分块复习框架

开始设计个人的分块复习很难,所以这里列了一些分块复习的框架来帮助你起步。你可以采用本书中建议的框架,或者调整它们以适合自己的需要。分块复习没有固定的长度,有时你会觉得,把一个练习分成好几个简短练习,要更容易些。并且,稍微休息一会儿,再继续进行同一主题的下一部分的练习,也要更简单一些。

分块复习(1):熟悉考卷

1. 关于这部分内容

这部分内容的目标,是让你了解考试的时候可能会遇到什么。

2. 目的

知道考试会遇到什么，制订复习计划就更容易一些。对那些可能遇到的问题越熟悉，在浏览笔记的时候，你就越能一眼看出自己所需要的信息。此外，对题型越熟悉，考试时就越觉得那些题目都是你的"老朋友"，在考场上也就不会感觉到陌生和惊慌。

3. 重点

这部分练习的重点在于，通过对这门科目以前的试卷进行分析，逐渐对试卷中可能会出现的内容有所了解。这样，等你进入考场，就会觉得比较熟悉试卷，也感觉自己处于熟悉的环境中。

4. 考生须知

除了考题之外，试卷上的其他内容都可算作"考生须知"。这些须知包括一些规范和信息。通读前一年试卷上的考生须知，并将其涵盖到的内容记下来，比如：

- 考试科目的名称。
- 考试日期。
- 考试时长。
- 考试时要求写考生姓名，还是准考证号。
- 每个部分都需要回答的问题数目。
- 是否允许使用电子设备。
- 有选择题的考试是否要求用铅笔作答。
- 任何关于考试的指示和信息。

把这些细节和前些年试卷上的内容进行比较。你很可能会发现，这些信息比较接近，但是表达形式存在差别。

5. 时间

当你阅读历年试卷的考题时，要注意：

- 试卷的长度。
- 总共有多少道题目要回答，以及是否有小论文、问答题或选择题。
- 弄清楚每道题你大概需要花多长时间去做。

把整场考试的时间，按照考题的数目分成若干部分，给分值相同的题目分配相同的时间。例如：

- 如果 80% 的考试内容是小论文，那么考试时间的 80% 就要分配给小论文。
- 如果 50% 的考试内容是问答题，那么考试时间的 50% 就要分配给问答题。
- 如果 3 个小时内要写 3 篇小论文，那么每篇小论文上都要花 1 小时。
- 如果 3 个小时内要写 4 篇小论文，那么每篇小论文上则都用 45 分钟。
- 如果两小时内要回答 12 个问答题，那么每道问答题上就只能花 10 分钟。

6. 在规定时间内，你能写多少内容

开始考试之前，你要清楚在规定的时间内自己能写多少字。这样，就能知道在每个你想作答的主要观点上，自己能写多少内容。

7. 检测你的书写速度

- 选一个你大约能写上 15 分钟的话题，如一项体育运动、一个电视节目，或是你游览过的一个地方，等等。
- 设定一个 15 分钟的闹钟。
- 用你最快的速度不间断地写，直到闹钟响了才停下。

- 数一数自己写了多少字。
- 把这个数字乘以 4，你就能知道在一个小时内，自己大概能写多少个字了。

8. 每个自然段要写多少字

- 计算出你在 1 小时内能写下的字数，将其除以 10（这是你大概要写下的段落总数）。
- 这样，要写一篇 10 个自然段的小论文，你就知道每个自然段或者每个主要论点该写多少个字了。
- 再回头看看前面你 15 分钟内写的小作文（详见第 167 页），计算出每段你所能写的字数，然后再在文本下面画线。
- 线上面写的大约就是你考试时每个要点能写到的字数了。
- 考试时，你要努力把每个要点的字数，控制在线上面的文本长度之内。

9. 复习你所能用到的内容

复习时，你需要把复习的内容量，减少到你在考试中实际所能用到的数量，即考试时你能写完的数量。把你能够写完的字数，作为你复习的指标。

10. 巩固记忆

重读"考官想看到什么？"中第 98—100 页的内容。

11. 确定题目的关键字

- 面对一个主题的时候，你要把历年试卷上关于它的考题都列出来。
- 浏览你上面所列的单子和你的笔记，看看每道题目的表达是怎样的，并在每种题目的设置方式上寻找共同之处。例如，对于某个话题，题目通常是要求考生描述、解释、总结、分析、比较，还是提出解决措施？
- 看看试卷上关于其他主题的问题的表达。想想自己是否能用这些熟悉的表达，就你选定的某一主题（还没在历年试卷上出现过的主题）设计一些问题。例如，如果很多问题都是这样表达的，"在何种程度上……？"那么想想你选定的那个话题，能提出哪些以"在何种程度上"开头的问题。

分块复习（2）：选择材料

1. 关于这部分

通常来说，我们在一学期里或一年里收集到的信息是杂乱无章的，并不能直接为我们的考试复习所用。为这些信息建立一个良好的体系，这个做法本身就能让我们更好地熟悉这些材料，同时在需要的时候就能回忆起来。重读一下"构建知识体系"（Chapter 8，第 157 页），也许会对你阅读这一部分内容有所帮助。

2. 目的

这部分的目的是，让你通过有效组织科目知识，取得更好的考试成绩。

3. 重点

拿出历年试卷，快速通读过去几年里某个主题涉及的考试题目，并把每年主要的变化概括地记录在一张单子上。如果你觉得这些问题的其他变体，有可能会出现在将来的试卷里，不妨把它们也加上。这样能帮助你理清思路，做出决定，从而选出自己真正需要的材料。

4. 收集资料

把你的纸质和电子版资料，还有你的笔记与划了重点的书集中到一起。

5. 筛选资料

- 通读课本和笔记的时候，脑子里要牢记上面"重点"那条内容，你整理出的可能会出现的题目。
- 从你整理的各种资料中，选出对这些问题最有用的内容。
- 把记录了重复信息的笔记放到一边，之后再把这些重复的信息归纳成一套没有重复的总的复习笔记。
- 给你自己提出一些问题，例如：
    * 我是真的喜欢用这份笔记吗？
    * 我能把这个信息用到哪些问题上呢？
    * 在规定的字数内，我能写出关于这个信息的多少内容呢？
    * 最主要的内容是哪些？

分块复习（3）：压缩和整理资料

1. 关于这部分

笔记太多，记录没条理，在并不重要的笔记内容里找来找去，还记住了很多考试时根本用不到的内容，这些都会浪费你的时间。如果你的资料条理清楚、重点清晰，那么你在复习的时候就更有效率。

2. 目的

给你自己设置一些挑战，例如：

- 让你的笔记页数大幅度减少。
- 都给自己设定一个每个主题笔记页数的最高限度。
- 给自己整理额定页数笔记的时间，设定一个限制。

3. 减少资料的数量

自己决定具体的减少方法，只要把你的资料数量减少成考试时最有可能用到的那部分。这个工作量一般都少于做课程作业。你可以通过下面列举的一种或几种方法，用几个复习时段来压缩笔记。

4. 压缩资料的方法

- 将不同的笔记用短小的要点和条目重新写出来。
- 把你在书里画线或者标记的重点内容也包括进去。
- 给每个主题的总页数设置一个限度，并且严格遵守。
- 把笔记整理成若干条目，并在每个条目下列出一些要点。
- 将你的笔记内容作为考试时可能会出的问题的答案再来写一遍，并且只选择那些真正与问题相关的信息。
- 做出一系列卡片，每张卡片都写上一个主题的关键信息。
- 给每个主题的关键信息画一个图表。

5. 整理

把资料整合成一套笔记的同时，就应进行整理，使其条理分明，这样你下次查看的时候，用起来就简单多了。其中包括：

- 它好不好读？
- 有没有做好标签？
- 整理好的条目和考试时可能出现的题目相关吗？
- 你能否用彩色笔把要点醒目地划出来，或者把不同主题的要点联系起来？
- 要点有没有明确地标好数字？

小贴士

大多数情况下，把信息分类处理，在标题下将重点信息编号分条排列，整理成一系列条目，会更容易记住。

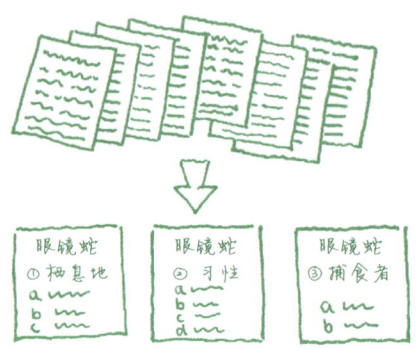

压缩资料的时候，检查自己有没有把考试用不到的内容包含进去。如果有，就应该：

• 要么把考试用不到的信息删除。

• 要么在下面画条线，这样不太重要的地方就有了记号，下次看到的时候就可以跳过了。

6. 为搜索特定信息做好准备

压缩了课程资料之后，你需要注意自己储备的知识中有没有连接不上的地方。在接下来的几天里，你要趁着校订过的信息在你脑子里的印象还很鲜明的时候，认真寻找一下这项信息。

7. 搜寻小目录

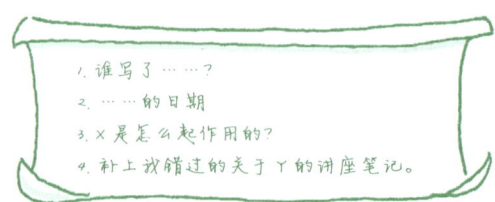

分块复习（4）：准备一个考试问题

1. 关于此部分

这个练习是基于前面的两个分块复习而进行的，目标是准备一个考试问题。这能够锻炼你对材料的组织能力，帮你找到为特定的考试问题所准备的材料，并发现自己在知识和理解层面的不足之处。

2. 资源

你需要准备：

- 12 张索引卡或白纸。
- 几份过去的考试卷。
- 你关于这一话题的信息小条。

3. 目的

此分块复习的目的在于，你准备的问题可能会以相似的方式出现在之后的考卷上。

4. 找重点

- 为该部分选一个主题。
- 把以往的试卷至少浏览两遍，找出与你所选主题相关的问题。
- 看看哪种类型的问题已经在不止一份考卷上出现过。
- 选择一个问题，把它作为分块复习的重点。

5. 研究题目

仔细研读考卷中小论文的题目，看看需要给出哪种答案。如果你不擅长分析考试问题的话，可参见第 101—105 页。

6. 总结：索引卡 1

将题目写在第一张索引卡上，这样你就知道这叠卡片的重点。

• 想想你的答案大致是什么样子的，在第一张卡的题目下面用 2—3 行文字总结一下。在这一阶段，最好用铅笔把文字写下来，因为之后还能再更改。

• 在索引卡 1 的背面，草拟大致 9 个分段的主题内容，并加上"引言"和"结论"（详见第 174—175 页）。

在准备作答的时候，回顾这些要点，并加入考试所需要的主要参考信息。

7. 索引卡 1（正面）

> 考试问题：3.6
>
> X 能证明 Y 吗？论据总结：
>
> X 能够证明 A、B 和 C，部分得出 D。这意味着，达到了 X 证明 Y 的第一步。但是，X 无法证明 E 和 F。因为 E 和 F 是 Y 最重要的方面，总的来说，X 无法完全证明 Y。

8. 索引卡 1（反面）

> 段落列表及引用：
>
> • 引言。
>
> • 为什么想要用 X 证明 Y。
>
> • Y 的主要阶段和方面。
>
> • X 是如何证明 A 的。
>
> • X 是如何证明 B 和 C 的。
>
> • 为什么 D 在一定程度上证明了 Y。
>
> • 为什么说 X 无法证明 E 和 F。
>
> • 为什么有些人认为 X 证明了 E。

> - 为什么这些论据不够有力。
> - 为什么 E、F 是 Y 最重要的方面。
> - 其他重要的论断。
> - 结论。

（1）检查相关性

重读问题，确保你准备的那些段落和问题都相关。如果不是的话，再复查一下。

（2）找遗漏

快速浏览你的信息条，看有没有漏掉一些关键论据。有的话，就加到列表里。

（3）寻找额外信息

如果你不确定是否涉及了所有关键的答题角度，这时候你就需要回头看完整版的笔记，并快速查找书本，运用索引去寻找更多信息。

（4）修订段落列表

在搜集额外信息时，你可能需要修订段落列表，并确保它们都和问题相关。

9. 找出每段关键点

如果你对段落列表较为满意，就该补充细节了。在剩余的 11 张索引卡中取 9 张，每张顶端写下标题，总结那 9 个段落的中心。在每张卡的标题下面，用清晰可辨的字迹草拟每段的主要论点，包括主要论点的名字、日期和重要信息。

10. 要简洁明了

考试中每段或者每个论点可能写不了太多的字，这就是为什么用一张小卡片记下关键信息的原因所在。同时，还应避免：

- 增加卡片数量。

- 用大卡片。
- 字写得太小，因为这样内容会增多。

如果你觉得内容太多，就应该想想怎样说到关键之处。这样做会：

- 帮助你事后回忆起信息。
- 是很宝贵的编辑经历。
- 节约你的思考时间，如果这个问题或者类似问题在考试中出现的话，你就知道该省略什么了。

11. 写引言和结论

用最后两张卡片草拟引言和结论的主要论点。

分块复习（5）：准备多种问题

1. 关于此部分

此部分是建立在板块 3 的基础之上，能培养你找出每个考试问题的准确要求的技能，并根据要求正确使用信息。

2. 目的

此部分的目的是，要求你从几个不同角度准备同一话题。即使你准备的问题不会原封不动地在考试中出现，这样准备问题的过程也能帮助你从整体上记忆和理解材料，并提高你回答与此话题相关的任何考题的技能。

3. 找重点

通读你为板块 4 准备的卡片。

4. 选择 5 个考试问题

从以往的考卷中最多选择 5 个问题，并都要与你在板块 3 准备的小论文密切相关。然后，自己做一些变动：

- 用一些在以往考卷上使用过的词汇。
- 从最近的论坛和期刊文章中，搜寻有趣的新材料。

5. 研究题目

认真研读考试小论文的题目，想想应该给出什么类型的答案。同时，注意措辞。就此部分问题的答案和板块 4 中问题答案的相似点做一个简要列表，并列出不同点。

6. 总结：索引卡 1

- 在第一张索引卡上，像在板块 4 中那样写出问题。
- 想想你的答案大致是什么样子的，在第一张索引卡的题目下面用 2—3 行文字总结一下。在这一阶段，你最好用铅笔写字，因为之后你的想法可能会变。
- 在索引卡 1 的背面，草拟大致 9 个段落的主题，并加上"引言"和"结论"。

7. 比较你的列表

把你为这一问题选择的段落标题和板块 4 的进行比较。看看它们有什么不同。这些不同内容又在何种程度上，反映了考题表达方式的不同。

8. 选择性材料重复利用

- 仔细思考一下，你为板块 4 所准备的卡片，使用范围能有多广。
- 如果你在板块 4 中使用的材料，也适用于你现在正在准备的问题，那就要把这些材料誊抄到你为这一问题准备的卡片上。如果为了节约时间，就只在相关卡片上写一个材料参照，并附上小条指明与之前材料的不同之处。
- 如果你现在准备论文所需的信息与之前准备的不一样，就重新写一些小卡片，上面只包括与论文相关的信息。

- 查找更多的信息，以便回答某些特定的问题。
- 像在板块 4 中一样，继续为你的论文段落制作一系列的检索卡。

9. 重复

- 在这一话题上选择其他的问题。
- 重复上述过程，指出问题之间的相似点和不同之处，看看哪些材料可以被运用于多个问题。
- 指出 3 篇论文之间的相似点和不同点。
- 看看哪些卡片或者卡片上的细节，适用于某个问题但不适用于另一个问题。

完成上述步骤以后，如果你觉得有必要带着更深入的问题重复上述过程，那就继续进行下去。

小贴士

明智地选择问答信息所设定的问题。

在回答某些特定问题的时候，如果不是很有必要的话，尽量不要重复之前准备的论文上面的信息。

一旦思考了与同一话题或者类似话题相关的一些问题之后，你很可能就感觉自己已经知道关于这一话题会怎样出题。同时，你也能更灵活地运用与这一话题相关的材料，并且不会在不同的问题上重复使用信息了。

10. 用表格列出不同点

现在你知道对于同一主题可以提出不同的问题了，用表格列出这些相似点和不同点，这样所有问题的联系与区别就可以一目了然。例如：

主题/问题	试题1	试题2	试题3	试题4
对经济收益是有好处的	×		×	
对于环境的损害	×	×		
再生收益	×		×	
过度评价再生收益	×	×	×	
积极的社会发展	×		×	×
积极的文化发展			×	×
总体的艺术发展			×	×
与海洋相关的艺术发展			×	×
对海洋环境所带来的危害		×		
海岸保护（对人）	×	×		
海岸保护（对海洋环境）		×		
海洋环境发展（举例）	×	×		
当地生态系统发展	×	×		×
对生态系统发展观念的挑战	×	×		

分块复习（6）：练习回答问题和模拟考试

1. 关于此部分

尽管做练习卷的感觉和真正考试的感觉并不相同，但通过做练习卷，你仍然可以有许多收获。你可以获得：

- 更加了解在时间压力下自己的表现如何。
- 有时间反思自己的表现，并找出自己需要改进的方面。

2. 目的

你可以发现自己还有要改进的地方，这样你就可以在考试之前尽量改进。

这些充分的准备，都可以在考试时极大地增强你的自信心。

3. 安排你的"模考空间"

尽可能仿照考试环境，准备一个专门的"模考空间"。

- 准备一张桌子，上面只摆放有一张考试卷、答题工具和水。
- 选择你可以很容易看时间的地方。
- 设在你不会被打扰的地方。
- 选择你不能去翻看复习资料的地方，以免你忍不住去查找那些想不起来的内容。
- 设在没有电视、音乐等会使你分心的事物的地方。

4. 练习回答问题和模考

当你选好一个主题之后，花 1 个小时去模拟回答相关问题，对考试会是很有帮助的。你可以按以下步骤进行：

- 选择一个你有所准备的话题。
- 设好闹钟，当考试结束时它会准时响起。
- 通读问题，很快为答案设定一个框架。
- 答案要完整，不能缩写和省略，要有引言和结论。
- 尽快作答，以留出时间检查答案。
- 闹钟响起立刻停止作答。

5. 开卷考试

如果你的课程中有开卷考试，或者你还并不习惯去考试，那么开卷考试的练习就会起作用。首先，考试的时候，把你的信息小条摆在面前。如果你真的什么都想不起来的话，就查查你的小条。查找资料要花时间，如果你真正的考试并不是开卷的话，就需要给自己查找资料预留足够的额外时间。

6. 闭卷练习

即使你有开卷考试，也应该练习闭卷作答。好处有：

- 你会更有动力学习材料。
- 对你需要记住的材料，你会更有整体认识（详见 Chapter 8）。
- 在考试中，你能够更快更连贯地作答，以及更合理地利用时间。
- 你会更加自信，因为在考试中你不用查小条也能作答。

7. 完整的模拟考试

一旦你为几个不同的话题练习作答之后，就有必要安排一个完整的模考，并尽可能地仿照你将来的考试。所以，如果你在未来的考试中需要在 3 小时之内写 3 篇小论文，模考的时候也应这样要求自己。

8. 模拟环境

选择在你并不熟悉的地方进行模考练习，例如图书馆中你并不熟悉的地方——这会使你获得在考试相似环境下的经验。另外，要选一个不会被朋友打扰的地方。

9. 坚持下来

即使在做某些问题时你感觉并不顺利，也要坚持作答，直到模拟考试时间结束。如果你感觉被某一问题卡住了，请有效利用时间，可以通过以下方法：

- 设想你的信息小条。
- 运用你的记忆技巧。
- 自由联想话题。
- 检查答案，查找错误。
- 列出你想要记住的内容。
- 考虑回答一个别的问题。

分块复习（7）：从练习中学习

1. 关于此部分

在练习和模考中，对于时间重要性的认识是截然不同的。正确的时间认识十分重要。在每一次练习和模考之后，都需要全面地总结经验，并考虑自己可以从中得到什么实践上的教训。

2. 目的

此部分使你更加注意观察自己的考试表现，这样你就可以在将来的复习中强化自身优势，并查漏补缺。

3. 定时测验

在你完成模拟测试卷之后，请完成以下几页中的调查问卷。给自己留出几小时或者几天时间，以便将自己所获得的经验融会贯通，之后再看看你是否想要对问卷中的答案进行添加或者修改。

Chapter 9　有条理的分块复习

模拟考试 2-5

噢！不要啊！时间都不够！什么也记不住！我太饿了，肚子一直叫个不停！我该为考试做更充分的准备了！

方面	观察自己的测试表现	评论
你是否比别人更擅长回答某些问题？ 例如，比起那些以"在何种程度上"开头的问题，你是否更善于回答"类比和对比"类的问题，或者"解释"类问题。		想想你认为哪类问题更难，更不喜欢回答，而你又应该怎样让这些问题变得更简单。练习回答那些你最不喜欢的问题，可以增强你的信心和技巧，使你在考试中的选择面更广。
对你而言，哪种记忆方法最有效？ 例如，对于那些你曾经谈论过的信息，那些你写在便条和索引卡上的，或者你曾经运用技巧记忆的信息，你是不是更容易记住？在记忆的时候，你遗漏了什么信息，你将来又该怎样去记？		利用此练习课程看看什么样的记忆方法适合你。例如，如果你记得研讨会上的一些材料的话，多和其他学生讨论一下，并试试其他听觉记忆的方法。如果你只是记得图表的颜色和形状，而不记得其中的内容的话，别只靠图表来唤起你的记忆，你还应该运用语言和触觉。
你是否选择了正确的问题？ 你开始动笔之后是不是希望自己能选择一个别的问题？		想想将来在考试中，你应该怎样去避免这一问题。你是不是需要更多的练习，才能回答这类问题？你是否需要修正所选话题中更深入的部分，使自己能够回答更多的问题？在测试前和测试中，你是否需要花更多时间了解回答不同问题需要准备什么？

183

(续表)

方面	观察自己的测试表现	评论
你是否按照最适合自己的顺序，进行了回答？ 例如，你是不是把自己最擅长的问题放在了最前面或者最后，这样做是否有用？如果可以的话，你希望怎样调整你回答问题的顺序？		尝试把你最擅长的问题写在开头，看看这是否会增强你的自信心。或者，把你最不擅长的问题写在开头是不是更好，这样你便可以最先处理掉这一难题。如果你把自己最不擅长的问题留到最后，在整个考试过程中，你可能会对这个问题产生一些新的想法。除非你真的时间不够了，否则最好不要把你最擅长的部分留到最后。尝试不同的方法，看看哪种最适合你。
看看你测试的结果如何？ 你是否需要一个客观的意见？		和与你学习同一课程的同学交换模拟试卷的答案，或者看看朋友的反馈如何。
在整个练习中，你的时间安排是否得当？ 你是不是在分数相当的问题上大致花了相同的时间？是不是留有充裕的时间完成所有问题，包括写引言和下结论。你是不是留有充足的时间检查？是否感觉自己对考试时间把握得很好？		在将来的练习中，写下你开始和完成每个问题的准确时间，以及其他方面的内容，以便检查自己的答案。每段内容尽量少些，使你的观点简洁明了。检查一下某些部分，如总起句和结尾部分，是不是花了你过多的时间。如果是的话，请分别进行练习。
写作速度？ 你是不是感觉自己写得比较慢，影响了你的发挥？		如果你的写作速度较慢，你可以通过每天快速写作，来提高自己的写作速度，例如快速给出练习答案。你应该知道在考试中自己能写多少内容，应该怎样分配这些你可以写出的字数，以便表达出重要观点。想想你想要写的内容是不是太多了，如果是的话，你应该删减什么。

Chapter 9　有条理的分块复习

（续表）

方面	观察自己的测试表现	评论
通读你的练习答案。你对于观点的陈述和主要的论据是否清晰。		如果不是，想想对于选定的主题下的问题，你是否充分研究了自己的立场。重写论文的某些部分，使自己的论证更加清晰明了。
你是不是制订了论文计划，并坚持了下来？你的答案是不是清晰明了且重点突出，是否逐步有逻辑地展开论述。或者，你的答案在逻辑上并不连贯，并且缺乏清晰的思路。		你可以在头脑中构思答案，但是需要考虑一下，答案的结构是不是足够清晰，并富有条理。练习快速制订论文计划，用自己最适合的方式列出关键点。
你的答案是不是涵盖了第91—92页上所有的条目，有哪些地方是相关的？		回顾你的答案，看看哪些地方你还可以改进，以便彰显自己的特色，从而获得加分。
你是不是在写总起句和总结句、引言和结论的时候容易磕磕绊绊？		练习写出一些不同的句子，并提高你的写作速度和技巧。在考试中，你就能用上其中最基本的句子。
你的答案是否清晰易懂并且没有错误。		再读读你写出的答案，看看是不是可以找出一些别的错误，或者难以辨认的字迹，这些都可能导致失分。

 结语

　　本章为你提供了一种有条理的复习方式，以便有效处理你在学习过程中积累的信息。你可以使用这一方式回答各种考试问题，这些问题你在类似的考试中都会碰到。

　　如果你在练习做考卷的时候，发现自己的注意力难以集中，这一问题也很有可能在真正的考试中出现。如果你担心自己的注意力难以集中，就要规划一下你的答案，并按照规划实行。如果在考试状态下，你发现有些问题难

以解决，也不要立刻放弃。当你研究过这些问题之后，你只是需要再多做一些简单的工作，便能更好地把握主题。然而，如果你在思考后仍然觉得问题很难解决，那么在考试中去解决这道问题，对你来说可能并不是一个明智的选择。

对于一个主题而言，列出好几个论文框架，是很有必要的。你要从不同的角度来看待同一个主题，并将其与同一个试题相关的其他话题联系起来。这不仅会增加你的自信心，让你知道你可以回答自己所选的话题中一系列的问题，还会加强你对主题的记忆与理解。

以互动的方式，并着重运用这些考试材料的分块复习，正如本章中所提到的那样，是考试准备的一个重要方面。然而，正如前面的章节中所强调的那样，磨炼你的其他技巧，例如在考试准备过程中保持心态良好，也同样十分重要。关于这一问题，本书将在下一章节中展开讲述。

Chapter 10

压力、健康与成绩

学习目标

本章内容将帮助你：

- 识别压力的迹象。
- 分析可能产生压力的原因。
- 确定化解压力和焦虑的方法。
- 培养促使内心平和的科学方法。
- 理解健康、压力与行为三者的关系。

有时，压力影响着大多数学生的表现。其实，不必为这种过度紧张、焦虑，或是偶感超负荷学习而担心。这些都是学生阶段的正常现象，特别是在考试期间，或其他测评来临之际。

从短期来看，压力的增长能帮助我们提高学习成绩。缓解压力需要我们能够正视压力，而非让紧张的神经分散我们的注意力。

但是，如果处在一个持续高压的状态，不仅会影响我们的智力发挥，还会影响我们的身心健康。这种压力随着时间的不断累积，我们对这一压力又处理不当的话，它将会影响到我们生活的各个方面。尽管在短期内我们可能并没有察觉到，但长此以往，后果将会非常严重。

另外，保持身心健康本身也有利于我们控制自己的压力，促使你在测试中取得好成绩。本章重点强调三点：监测你的压力水平；识别何时感到过度焦虑；采取措施缓解压力与焦虑。

尽早识别压力，有助于我们在它还没有影响到自己的工作和健康之前，及时采取措施正确应对。

适度的压力

即使你对考试怀有兴趣、信心和积极性，可能你所承受的压力也超过了适度的范围。

1. 什么是压力

我们的大脑对焦虑的解释是，因外力作用而受到威胁的警示。人的身体防卫系统通常很强大，因此"紧迫感"会促使大脑思考"需要采取行动来保护自己"，然后，身体采取措施避开外部的潜在威胁。有些生理变化对提高学习成绩，是有帮助的：

- 适度的压力即动力。
- 肾上腺素释放，有助于增强人的运作能力。

- 血液从维持正常的身体功能，转向大脑和大块肌肉。
- 人的呼吸频率改变，得以吸入更多的氧气，促进机体功能。
- 肝脏释放储存的糖分，因此人们会感觉更有活力。

2. 压力还是兴奋

当我们感到有压力时，机体所释放的化学物质和生理反应，与我们兴奋时的变化相似。不同的是我们的体会，因为大脑会对我们感到兴奋还是焦虑做出反应。

3. 压力有助于人们获得更好的成绩

大多数演员都说，在走上舞台之前会感到紧张。他们也总有一些片刻不敢面对观众，担心忘记台词或歌词而不能进行表演。但是经过多次表演之后，他们知道适度的焦虑是有益的，会为他们的表现增光添彩。同样，考试的时候，如果你把这种适度的焦虑看成好朋友，它就会帮助你表现得更出色。因为肾上腺素的释放，能够为你提供以下帮助：

- 提供你完成必要的额外工作所需的能量。
- 使你更警觉，从而获取更多的信息。
- 帮助你长期集中注意力。

> **思考**
>
> 你会把所有的压力与焦虑看成是负面的吗？
>
> 你是否注意到自己曾经受益于紧张和压力？

有害的压力水平

尽管适度的压力是有益的，并且压力也是学生经历的一个典型状态。但过度的压力则是不健康的，它会影响我们的成绩，久而久之，后果也会非常严重。"过度"的压力包括：

- **压力突然过多**。突然有很多事情要处理。为了减少压力，你需要减少当前所要处理问题的数量，或是努力缓解压力。
- **压力堆积过久**。在"紧急情况"下所产生的一时反应，也可能成为生活的常态。大脑和身体都要通过训练，来摆脱这一反应。

1. 检测压力的迹象

用第 191—192 页的压力检测表，检测你是否表现出了高压的迹象。

2. 高压的影响

如果"紧急状态"下的反应长时间持续，我们的整个身体系统就会无法承受长期所释放出来的化学物质，人体机能也会开始恶化，甚至停止工作。

（1）对成绩的影响

如果压力过大，我们会很难集中注意力，就很难静下心来学习。记忆力也会受影响，有时候我们可能想不起来非常熟知的信息。同时，我们也会很难做出计划，解决问题。

（2）对身体健康的影响

因压力所产生的高水平化学物质的长时间堆积，会有损人体组织和器官。在较轻的水平下，会出现磨牙、下颚疼痛，或是让我们无法入睡或学习的头疼等症状。我们的免疫系统也可能变得脆弱，使我们无法抵御疾病的侵袭。

（3）对心理健康的影响

如果压力长期处于较高的水平，我们可能会失去正常生活的能力。我们的睡眠会受到影响，进而影响到成绩。同时，我们正常感知周围世界的能力，也可能受到影响。我们的思想可能出现扭曲，我们可能感到慌张、抑郁或无助。

（4）社会影响

过度的压力可能使他人远离我们，他们看起来似乎很恼怒，并对我们故意设防。他人不喜欢我们，我们可能因此很快就变得易怒而情绪化，以致很难与他人相处。

压力迹象的检测：行为与情绪

确定你是否有下列表现（是/否），然后在相应的空格内做标记。

压力迹象	是/否	变化较小	变化较大	平稳变化	突然变化
你通常表现得易怒或有攻击性吗？					
你感到焦虑、担忧和不安吗？					
他人是否比平常更让你心烦？					
对维系目前的情感，你觉得困难吗？					
吃饭的时候，你都没注意到吃的是什么吗？					
你饮酒量比平时大了吗？					
在处理问题时，你需要酒精和药物辅助吗？					
处理问题时，你会选择比较舒适的行为方式（比如吃东西、喝饮品、逛街或运动等）吗？					
你感觉自己比平时迟钝或低效吗？					
你是否变得非常情绪化（如生气、哭泣、易怒，或对别人大声喊叫）？					
你经常担心自己不能完成必须要做的事情吗？					
你发现自己比平时更难集中注意力，更难清醒地思考或做决定吗？					
你觉得自己比平时更健忘，且缺乏条理性吗？					
你会错过截止日期或约会时间吗？					

压力迹象的检测：身体

确定你是否有下列表现（是/否），然后在相应的空格内做标记。

压力迹象	是/否	变化较小	变化较大	平稳变化	突然变化
你失眠吗？					
你变得比平时嗜睡，并且很难起床吗？					
你需要服用兴奋剂（咖啡或药物）来保持清醒或专注吗？					
你容易反复得小病（如感冒和传染病）吗？					
你会头痛或偏头痛吗？					
你经常磨牙（感觉下颚或后牙疼）吗？					
你经常感到疲惫吗？					
你有哮喘或过敏症吗？有出现更严重的新病症、病情，或是发病更频繁吗？					
皮肤病有所扩散、更严重或发病更频繁吗？					
你经常发生与饮食没有明显关系的肠胃不适吗？					
你有多处与疾病没有明显关系的疼痛吗？					

我有压力吗

如果你已经完成了第 191—192 页的压力检测表格，为了检测的精确性，请考虑回答以下问题：

- 你的答案准确吗？

- 你因为难为情而拒绝了填某些项目吗？
- 你因为担心回答方式而填错了某些项目吗？
- 你因为今天是特别糟的一天而填了某些项目吗？

> **思考**
>
> 边看你所填的项目，边思考以下关于压力特点的问题：
> - 这种压力特点的严重程度是多少？
> - 它对你和对你生活的影响是什么？
> - 这是需要你直接解决的事情吗？

1. 无压力迹象

如果你找不出很多压力的迹象，一般表明你心态平和、容易相处，这很好。也许你想问：

- 我将从这种平和状态中获得好处吗？
- 为了取得优异的成绩，我有足够的热情与动力投入到学习和复习中吗？
- 如果我没有发现压力的迹象，难道是我将它抑制了吗？

2. 有压力迹象

如果你确定了很多压力迹象，你可能也已经意识到这是长期积压的结果。如果是这样，你需要现在就采取措施，把压力控制在自己能承受的范围内。

3. 不知不觉陷入压力状态

对自己所表现出的一系列压力的迹象，你也许会感到吃惊。如果你真的有压力，自己也清楚地知道压力的存在，你会坦然地接受减压能够带来好处这个事实。

但也有这种可能，即使在压力已经很大的情况下，我们仍然没意识到压力的存在。因为压力总是悄悄降临到我们身上，而我们只是在某种程度上，学着接受它所带来的后果。而潜在的压力，可能会损害我们的健康。只要你学着正视压力，从事一些放松的活动或运动，对全面解压是很有用的。

采取措施缓解压力

1. 确定起因

如果你确实存在压力的迹象，并且也确实处于有害的压力水平，那么下一步就是确定起因，采取措施来缓解压力。

例如，你可能认为考试是压力产生的罪魁祸首，殊不知是因为你看待它们和应对它们的方式存在问题。

2. 不切实际的目标

设定的目标不切实际，是造成考试压力的一个常见原因。比如，你可能下定决心要取得一个好成绩，却忽视了其他对你来说同样有价值的事物。并且，如果你定的目标富有挑战而且实际，那么它才更有可能实现。

思考你的目标是否切合实际：

- 你能支配的时间。
- 你过去能完成目标的情况。
- 在同样时间内，其他人完成目标的情况。
- 与尚未获得的相关学科的知识与技能相比，你已经掌握的知识的情况。

3. 沉溺于问题

你是否正陷入问题不能自拔？如果这样，你可以改变你的思维方式，参见 Chapter 3 "进入'甜区'（1）为巅峰状态做准备"的相关内容。

4. 忽视自己的健康

你可以通过关爱自己的健康来减压，摄入充足的营养，保证充足的睡眠，避免摄入过量的咖啡、茶、糖、食用色素（详见第229—230页）。也许你会因为食物过敏而导致紧张和焦躁。如果你觉得有这种可能性的话，就应该去做一次食品过敏测试。

5. 采取行动

- 如果你发现身体状况有变化，要及时向医生咨询。
- 参加体育锻炼和各种活动，以此来缓解压力。
- 如果有时间方面的压力，告诉你的个人导师或其他学生，他们或许能提供一些有用的学习策略给你。

学生的经历

> 考试的前几周我都会非常紧张。我都做些什么呢？除了咬手指甲外，我大多数时候，都会打电话向妈妈倾诉。而她总能有办法，让我心里的石头落地。

> 我常常会坐在公交车上向窗外看，任由思维天马行空。等到回去的时候，我就会感觉很轻松。

> 我有严重的考试焦虑症。我常常担忧好几个小时，然后又为我在担忧而担忧，最后又责备自己因为担忧而浪费时间。我没有做任何事情，但是这些担忧可以帮我度过一段时间，因此我又觉得自己其实也做了些事情。自从开始做瑜伽后，我发现自己并不是那么糟。教室里很安静，定时的休息会让我感觉很好，也能获得学生生活之外的片刻平静。

音乐让我放松。一个人的时候，我会戴上耳机，选一些真正疯狂的音乐，调大音量，独自享受。没有人的时候，我甚至会跳起来。

我曾经因为钱的问题去学生服务中心，结果却一直在讨论其他事情。他们建议我去一个咨询师那里，进行三期的治疗。开始我并不愿意去，因为这意味着承认自己失败。后来，有朋友去了咨询师那里，我也去了。那是我最明智的决定，咨询师帮我弄清楚了自己真正需要做什么。之后，我发现自己有了更多思考的空间。

我认为自己从来都没感觉到有压力，但别人总是问我是否有压力。我不理解为什么，或许我看起来像很是有压力。

我的压力不断增加，自己也能处理好，但还是一直感觉很痛苦。我所有的时间都被工作、担忧和学习吞噬，但我还是必须做些其他的事情。现在，我能确保每周做两三件事情用于娱乐。与其说我做了什么，不如说承认自己停止了工作和学习，而且这也让我觉得有真正属于自己的时间。我认为，以这种方式处理压力更有效，所有的事情也会因此都变得更好。

我缓解压力的方式是跑步。我每天都会跑一公里，帮我排除焦虑，使我的大脑保持清醒。

 思考

从这些学生的经历中，你得到了什么启示？

消除紧张情绪

1. 释放多余肾上腺素

由前面的内容可以看出,一定程度的压力对我们来说是有益的。因为它能提高肾上腺素的水平,让我们时刻保持清醒和专注。然而,过量的肾上腺素却会导致焦虑的情绪,使我们很难保持注意力集中。体育运动有助于释放多余的肾上腺素,让我们重新冷静下来。

如果你没有做运动的习惯,那么就去快步走半个小时吧!你要做的是好好留意你周围的大千世界,而不是对烦恼念念不忘。

2. 勿交"损友"

家人和朋友真的能帮助你更轻松、更有效地学习吗?如果不能,那就去找能让你感觉放松平静的人吧!

尽量跟那些能安慰、鼓励你的人交谈。别理那些只会说风凉话,让你不用好好复习,或是加剧你恐惧心理的人。

镇定练习

1. 理性的声音

仔细想想你都有什么烦心事，问自己几个理性问题。

理性问题：
· 我能理智地看待问题吗？
· 多数人都能通过考试，如果我能够坚持不懈地努力，也很有希望通过吧？
· 我能做点儿什么实际的事情，来缓解焦虑、解决问题呢？
· 我应该找谁谈谈，才能重新对自己和生活充满信心呢？要不现在就去找他们吧？
· 谁能给我点儿好建议？要不现在就去约他吧？
· 如果最坏的情况发生了，我还有别的选择吗？其实，总会有别的路可走的。
· 成绩出众固然很好，但长期看来，一个能够合理通过考试的分数应该也会带来很多机会的吧？
· 我应该歇一歇了吗？

2. 自我肯定

如果你总是对自己过分苛求，或对自己的表现感到不满意，那么就找几组积极向上、充满斗志的句子激励自己吧！一句歌词或一则名言警句都会有效，每天至少温习两次，这样才能充分暗示自己，以达到激励的效果。

（1）用大字写

把自我肯定的话语大大地写在纸上，放在无论是空余时间，还是复习都能看到的地方。

（2）用小字写

把鼓励自己的话写在小纸条上，这样就可能放进钱

包，或者当作书签，你随时随地都能看见了。

3. 缓慢放松地唱歌

这样做的目的，是让你的情绪平静下来，也能够找到更适合自己的节奏。

• 找一首你熟悉且喜欢的歌曲，从中挑出几句词。

• 缓慢地重复这几句词，最好大声点，试着享受这一声音和韵律。

• 如果你发现自己只是想快点儿唱完了事，或是有口无心地重复着歌词，那么就从头开始再来一遍，这次试着慢一些。

• 利用这次机会，认真对待这些词句。

4. 听听周围的声音

• 用 10~30 分钟的时间，好好休息一下。

• 躺在地板上，枕着点儿东西，闭上眼睛。

• 注意力集中在身体上，身体感觉怎样？是否有平时未察觉的不适感？

• 从脚尖开始一直向上，试着让身体的每个部分都紧绷起来。如果成功了，那么你尝试着让身体极度放松，紧贴在地板上，并使紧张感释放到空气中。

• 当你的身体已经非常放松时，留意听你周围的声音。

• 你不用马上分辨每种声音的来源，只需稍加留意。

• 留意周围寂静的片刻，或相对较安静的时候，这时你又有什么感觉？注意留心那些沉寂的瞬间。

• 当你做完了以上练习，不要马上让自己去做激烈的运动。而要给自己留出一些时间，来细细体会这次体验。

冥想镇定法

我们还可以通过一系列冥想练习，来保持内心平静。

1. 正规冥想课程

你可以选择参加正规的冥想课程。一般最初会采取小班教学，通过几周的课程，你会学到一些冥想技巧。之后，你就可以选择加入大一些的团体。课上，老师会让你尽可能舒服地坐着，并讲授冥想的几个阶段。一开始，你也许只能冥想一小会儿，随着慢慢地熟练，冥想时间也会逐渐变长。并且，老师还可能让你与大家分享冥想的经历。

虽然来参加冥想课程的人形形色色，范围很广，但课程大都不涉及个人隐私方面的内容。

2. 冥想教会我们什么

说起冥想的经历，每个人都大不相同。要是你平常很难镇定自己的思绪，那么冥想课程很有可能对你有所帮助。如果你平时就是个"快速思考者"，或是想象力异常丰富的人，那么就需要更长的时间才能体会到冥想的好处。冥想能帮助我们：

- 留出与自己独处的时间。了解当排除了外界的纷扰之后，我们内心会有怎样的感受。
- 更加相信自己的感觉，不为日常琐事而烦扰。
- 更好地与人相处。
- 感受平静与安宁。
- 享受极度愉快的瞬间。

3. 呼吸练习

以下呼吸练习是所有呼吸冥想修行的基础，不同文化的冥想中都有这一练习。当你感觉紧张时，这个练习会使你平静下来。每天进行一两次呼吸冥想练习，则可以达到最佳效果。久而久之，练习者就能熟练地使情绪快速回归平静。

当我们不强求结果时，这个练习才会更加有效，看看会发生什么吧！

- 享受呼吸练习的过程。你多久才有这样的机会，关注自己的一呼一吸，感觉自己真实地活着？
- 全神贯注地放松呼吸 5 分钟，比被迫做 30 分钟冥想练习更有效。

4. 怎么做

- 以舒适的姿势坐下，保持直立和警醒，闭上你的双眼。
- 想想自己现在是什么心情。不用费力去找造成现在情绪的原因，只需接受现在的状态，然后进行下一步。
- 留意你四周的环境：声音、气味，去感觉椅子或地板。接受所有这一切，来到下一步。
- 意识到身体的各种感觉。如果你现在感到不适，可以做出轻微的调整。如果有必要，尝试接受这些不适。
- 意识到身体的某一部位在活动。当你在活动手、脚、头或嘴巴时，尽可能地放松这些部位，直至达到静止。
- 注意你呼吸时胸部和腹部的一起一落。如果你呼吸声音很大，那就要试着小声点儿。或者，你也可以暂时接受现在的呼吸状态，不要刻意改变它。
- 注意你的呼气：气流呼出时是什么感觉？不要改变你的呼吸方式。数一数你呼气的次数，用 1 到 10 计数，然后从头再来。如果你发现自己分心了，那么就从 1 开始，再数一遍。
- 几分钟过后，你要将注意力转移到吸气上。与呼气类似，你要注意气流吸进时是什么感觉。接受这就是你今天的吸气状态，不要试图改变它。这次，数一数吸气的次数。
- 几分钟过后，随着你的吸气和呼气，以最轻松的方式计数你的呼吸的次数。

- 最后，你试着找到气流进入你身体的地方，以非常放松和包容的状态，把注意力集中在那一点上。一直保持这个状态，直至感到可以停止。
- 先静坐一会儿，再慢慢起身。
- 花一些时间回顾整个冥想过程。

 结语

  学术研究的最高境界应该是挑战你的大脑，拓展你的视野。大多数情况下，你会觉得题目很有挑战性，需要在各种难懂的观点中来回挣扎。这种脑力游戏可能让你精神兴奋，也可能使你疲惫不堪。当你疲惫的时候，应该试着去接受这些紧张焦虑的感觉，并采取建设性的方式，让自己走出低谷，而不要假装一切都很顺利。

  你也许觉得，压力和焦虑与你一点儿关系也没有。然而，不幸的是，没有人能无忧无虑地度过学生生涯，更不可能这样度过一生。当压力和焦虑袭来时，上述保持内心平静的技巧，对你非常重要。然而，你不用等到承受着巨大压力时，才去学习这些技巧，这些技巧随时随地都可以练习，以备日后之需。

  还有一点非常重要，所处环境的不同，也会极大影响人的情绪，可能给人们带来焦虑。因此，我们要珍惜身边那些亲近的人，以及能在逆境中给予我们建议的人。我们还应该知道，谁会让我们焦虑，谁能增强我们的自信心。运动、美食和良好的睡眠，也能使人心情放松、注意力集中。此外，应尽量把外部环境布置得温馨舒适些，这也有助于我们保持良好的心态。

  考试来临时，我们的情绪有可能随着不确定因素而大起大落。这时，我们前面所学的技巧就可以派上用场了。它能帮助我们在最短时间内，恢复内心的平静，缓解紧张惊慌的情绪。在考试中，我们也会更加自信，因为我们已经掌握了控制情绪的方法，能够应对各种情况。压力会明显影响我们的发挥，所以我们在学习考试技巧的同时，千万不能忽视了对自己情绪的控制。记忆策略和考试演练固然重要，保持平和的心态同样是应考的关键。

Chapter 11

进入"甜区"(3):
模拟胜利

学习目标

本章内容将帮助你:
- 调整到最佳的考试心理状态。
- 了解如何发挥出自己的最高水平。
- 用"模拟法"准备考试。

这一章建立在你对前几章内容的理解和思考之上，Chapter3、4 的内容尤为重要。本章将主要介绍在考试预备阶段可以运用的高级技巧，例如"模拟成功"和建立考试的心理常规。

在备考的任何阶段，你都可以运用"模拟法"，不必非要等到你完成了前面的练习才行。然而，当你在备考后期运用这一技巧时，最好先让自己调整到一个积极的心态，并明确自己的目标。

也许，在学习这一章节内容之前，你已经用到了我们所要讲的技巧。许多人会做考试成功的白日梦，甚至能想象出自己正坐在考场内的情景。然而，学生能否运用这一技巧取得考试成功，取决于他们是否能系统化地运用此方法。本章将系统介绍各种想象成功的方法，以便你在备考的不同阶段里使用。学习这些方法，将使你更自信和冷静地应对考试，帮助你取得个人的最好成绩。

运动员如何利用"模拟法"

1. 模拟将来的成功

一些在比赛前进入"甜区"的运动员，他们在比赛开始前就能想象出自己获胜的样子。他们会提前模拟自己冲向终点的每一步，这也是赛前准备的重要内容之一。

运动员这样训练是有原因的。他们并非能够预知未来，而是希望通过这种方式，回忆备战过程中的点点滴滴，并思考可能在比赛中出现的各方面问题。他们会预先设想自己所期待的结果，并通过以下方式做模拟：

- 从当下的瞬间转到获胜瞬间。
- 再从获胜瞬间回到当前时刻。

2. 考虑一切可能情况

运动员会经常在脑中模拟自己比赛时的表现。他们会考虑比赛时所有可

Chapter 11 进入"甜区"(3)：模拟胜利

能出现的情况，以及自己在各种状况下该如何获胜。比赛时，不论是大晴天，还是阴雨天；不论周围是喧闹的观众，还是屏息的人群；也不论身边的竞争对手是有人抢跑，还是有一个完美的开始，运动员都会在脑中事先通过想象来模拟练习。

3. 一次还不够

严肃认真的运动员可不会只在脑中草草模拟一遍就了事，他们会一遍又一遍地想象比赛中的关键时刻。每想一遍，都在努力思索什么细节能让自己赢过别人。当发现某一细节时，他们会先在脑海里演练一下，看看这些细节如何才能融入整套动作中，之后也会在日常训练中加入这些细节。

4. 比赛当天的优势

当真正的比赛来临，这些运动员清楚地知道自己要做什么。比赛一开始，他们并不急于争第一，而是先在脑海中想象一下自己越过终点线的情景。他们确信，自己会发挥出最高的水平，并且知道自己该怎么去达成。在决定胜负的最关键时刻，他们明白自己要做什么，并且专注于此，全力以赴。也正因为他们都十分了解自己的能力和水平，所以有着很强的自信心，确信自己一定能够获胜。

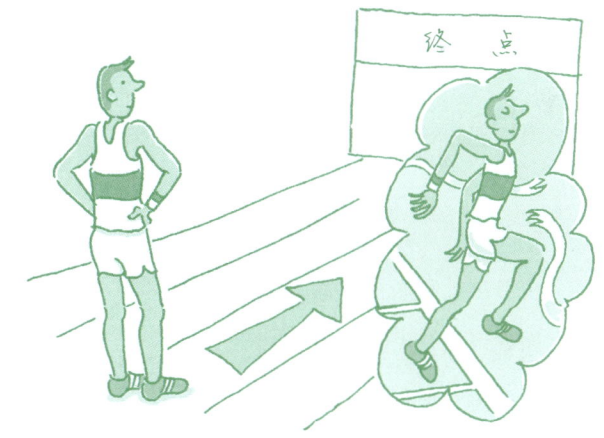

为何要在考试中运用"模拟法"

通过学习Chapter 2我们得知,人一般在极度确信自己能胜任某一任务时,才会发挥出最高的水平。而这种信念是可以通过一些方法来建立的,例如在脑海中想象成功,身临其境般感受成功,并不断告诉自己一定会成功。如果我们已经建立起必胜的信念,并且一直在向着目标不懈努力,那么我们就很有可能超常发挥,取得最佳成绩。

虽然学业考试和体育比赛所考察的是不同方面,但是很多学生也发现了两者的相通之处,并运用优秀运动员的参赛技巧来应对考试。但是我们尚不清楚到底有多少学生在这样做,部分原因是很多优等生都不愿意和别人分享自己成功的经验。

1. 终点线

当学生们谈及自己预先设想成功的经历时,都谈到了程度类似的详细计划,以及仔细考虑各种可能的情况。相对于体育比赛而言,考试的终点线就显得更加个人化了。有些人觉得通过考试就行了,而有些人希望获得尽可能高的分数。因此在每次考试之前,你都应该为自己设定目标,并明确自己的终点线在哪儿。

2. 模拟最终结果

在考试前很长的一段时间里,你就可以试着模拟复习应该经历的每个阶段,以及考试中的整个过程。这会使你在复习的每一阶段都从容不迫、井井有条。当你设想的那个阶段真正来临时,你心里也都已经

有数了。这样一来，无论在复习过程中还是在考试中，你的心态都能更积极、更放松、更胸有成竹。

模拟法

1. 什么是"模拟"

模拟主要指的是假想，但还包含其他内容。模拟主要包括：

- **假想**。在大脑中假想出各种不同的情景，其中大多数情景是还未发生的。
- **实际应用**。模拟的内容不应该只限于你捧起奖杯、奖牌或证书的那一刻，还应包括你之前应努力做的具体事情。
- **应用于当前**。模拟应该在现实中得以体现。你要明确地知道，怎么做才能达到模拟中的进度，而不应把模拟纯粹当成一种娱乐消遣，来逃避现实中应该完成的任务。
- **建立惯常模式**。与以创造为目的的想象不同，模拟法是通过想象来建立一套大脑的思维模式。遵循这套模式，能让你保持精力集中，并顺利完成任务。

2. "模拟法"与时间维度

模拟法还包括以下内容：

- 将过去的情景重现并应用到现实中，如此一来，你就能从过去的经历中汲取经验教训（详见第 210 页，"我曾经是如何成功的"相关内容）。
- 在脑海中构想出未来的情景。
- 将过去的经验应用到构想出的未来情景之中。

3. 不仅仅是"看见未来"

模拟法的内容远不止想象出自己例行公事般的复习、考试，以及最后通过考试那么简单。相反，它是一个积极的创造过程，要求学生在头脑中制订出详细的备考计划，以获取最终的考试成功。以下是一些具体的技巧，能够帮助你在实际复习的过程中更有效地应用模拟法。

4. 动用你全部的感官

也许你对"可视化"这个词很熟悉，就像其字面意思一样，它重点强调视觉这一感官。然而，模拟法则需要动用你全部的感官。这样一来，你会觉得感同身受，如同提前经历了想象中的情形一般。例如：

- 想象你在考试当天可能会听见的声音。
- 构想出考场的每一个细节。
- 感受考场的气味和气氛。
- 感觉笔在手中的实感。
- 在脑中演练一遍考试时的肢体动作，让肌肉模拟一遍这些动作。
- 在脑中过一遍备考的每个阶段，和最后上考场的情景。

5. 不只是观众

当我们模拟自己正处于某一场景中时，经常会从第三方或观众的旁观视角来审视自己。然而，只有将自己设身处地置身于场景之中时，模拟法才会最为有效。因此，应当从自己的视角出发向外看，而不是以观众的视角旁观场景中自己的表现。

6. 自我对话

我们要经常倾听自己内心的声音，从而发现应该做些什么：

- 可以通过自我对话的形式完善所设定的日常计划。将这些之前只是自己心里清楚的计划，通过自我对话表达出来，这样就不必刻意地去记忆它们了。
- 知道自己计划上都罗列了哪些内容。

- 不时鼓励自己，给自己提建议。
- 提醒自己一定要坚持下去。
- 问问自己如果考试时过于紧张该怎么办，并在考试前准备一个能开导自己的理由。
- 告诉自己目前学习的内容有何有趣之处。

7. 多重概要

当我们经历过某个事件，就对其形成了一个大概的心理模式或图式。或者，我们可以称之为此事件的概要，也就是一个粗略的印象。然而，每当再次碰到类似事件时，我们就会调整此前建立的心理模式，添加细节，并对这类事件有了更复杂微妙的理解。对考试来说同样如此，最好不要只依赖于一套心理模式，而应考虑到更多的可能性。例如：

- 当你只有半个小时完成考试内容的时候，如何才能有效地利用时间？
- 当你考试当天身体不适，该如何应对？
- 当你在第一道题目上浪费了过多的时间，如何才能在后面补偿回来？
- 考场温度比预期要高或者低，你应该如何保持良好的状态？

8. 模拟练习

和其他所有技巧一样，模拟也需要通过练习来达到熟能生巧的程度。奥立克（Orlick）和帕廷顿（Partington）研究发现，在使用模拟技巧的初期，就算是奥林匹克运动员也不一定能做得好，但通过不断地反复练习，他们都会有很大的进步。

日常生活中，我们也可以广泛运用模拟技巧，但是在模拟过程中则需要不断地修正和练习。后面几节内容将主要谈谈如何开始模拟练习。当你运用所学内容练习模拟技巧时，应根据你所处的具体环境，做到尽可能逼真。

每当你模拟某一备考阶段时，应记下让你印象深刻或效果极佳的个人细节。当你下次再想起相同阶段时，试着将这些细节融入你的模拟练习中去。

我曾经是如何成功的

花点时间反思一下自己成功应对挑战的经历，尤其是那些我们一开始甚至都不相信自己能成功的经历，从中我们能学到很多东西。通常情况下，当我们完成某一极具挑战性的任务之后，只会庆祝一番就会回归到平常的生活轨道上来。这样一来，我们往往就错失了从中积累经验的机会。

具体来讲，我们没有认真去思考一下，究竟是自己身上的什么特质，又在何种情况下帮助自己取得了成功，以及如何才能在其他领域也获得同样的成功。这就需要我们问问自己："我曾经是怎么做到的？"而这一简单的问题，可能会帮助我们更清楚地了解什么对自己是有益的。

> **思考**
>
> 你成功应对的最大挑战是什么（例如：应对考试、竞赛、突发事件，参加演讲、演出，等等）？
>
> 你是如何取得成功的（例如：提前做计划，保持头脑冷静，保持内心镇定，获得别人的支持和帮助，等等）？
>
> 对你来说什么是最关键的时刻（例如：在大幕拉开前的那一刻、下定某个决心的时刻，等等）？这一刻你是如何应对的？
>
> 如果曾有一些因素促使你最终放弃了，那么这些因素是什么？以后遇到这种情况，你应该如何面对这些因素？
>
> 通过以前的经历，你的个人素质有了怎样的提高？
>
> 你在备考和实际考试中，是如何应用这些个人素质的？
>
> 还有哪些自己不具备的素质对考试有帮助？将来如何才能培养这些素质？
>
> 你还从以往的经历中学到了什么，对将来的考试会有所帮助？

Chapter 11　进入"甜区"(3)：模拟胜利

"不同寻常"的自己

很多人也许都说过这样的话：

"我看到了她不同于以往的一面。"

"这激发了我与往常不同的另一面。"

"从经理的角度来看，我觉得……"

以上例子说明，我们每个人都具有不同于平时的另一面。这不同寻常的一面，使我们拥有着另一套不同的个人品质、视角和行为举止。

1. 探索自己的另一面

在备考和考试过程中，当你感觉到被自己日常的一面所限制时，试着去发掘自己的另一面，并在实际考试中加以利用。

> 📖 **思考**
>
> 回忆自己曾经展现出的不同以往一面的经历：
> 那是什么时候的事？
> 那时的自己与平常有何不同？
> 展现出了你怎样的个人特性和品质？
> 发现自己的另一面之后，你感觉如何？
> 自从那次经历后，你还在哪些时候也表现出了这些个人特质？

2. 角色扮演

别浪费时间期待那个不同的自己在某一刻自动会出现。试着召唤那一面的自己，让他出现在大家面前。通过更频繁地表现出另一面不同寻常的自己，你会更加自信，并相信自己在需要时能随时随地展现这一特质。

在考试中展现另一面的自己

> 📖 **思考**
>
> 在备考时，你表现出的是哪一面的自己？这一面有怎样的特性和个人品质？这些特质对考试有益还是有害？
>
> 认真思考自己是否还有不为人知的另一面特性。而那个自己是否更快乐、更自信，是否更加明智、坚定、有条不紊？又是否能更好地处理压力，更能集中精力，更有动力？记下你所希望的自己不同寻常一面应有的特质。
>
> 是否某些时候，这一面的自己或这一面的特质会表现得更加明显？如果有，现在又是因为什么而使这些特质不能显现出来呢？比如，是否曾经有过表现出这些特质时被嘲笑，或者不这样做的时候反而会得到嘉奖的经历呢？
>
> 写下"另一面的自己"带来的益处和动力。
>
> 想象一下，那个不同寻常的自己会如何穿着打扮。当你很难唤起那个超常的自己时，可以想象自己正身着和那个自己相同的衣服。

1. 练习进入角色

考试时,尝试让不同寻常的那一个自己来作答。并注意区分这个另一面的你,与平常那个自己的不同之处。

2. 无法证明另一面自己的存在

如果你觉得没有什么证据足以表明确实有这个另一面自己的存在,那么:

- 想一想在考试中,哪些能力和个人素质最为重要。
- 想象出一个具有一切优秀特质的人物,他可以是神话中的英雄,也可以是电影或小说中的一个角色。
- 当你运用模拟法和自我对话等技巧时,你要将自己带入那个虚构的角色之中。

当你做这些事情时,你可能会觉得自己正在模拟别人,但无论如何请试一试。你可以尝试用自信满满、居高临下的口吻说话,看这样能否帮助你更好地完成任务。

体会学习的乐趣和挑战

通过学习 Chapter 3 我们可以知道,人在达到最佳状态时,会享受自己所做的事情。这并不是说,所有的任务都是令人愉悦的。实际上,我们在做大部分事情时,可能并无乐趣可言。然而,成功者总是能在工作中找到乐趣,或是自己能创造出乐趣。因为他们深知,只有发现某项工作的乐趣所在,才能坚持不懈地进行下去,并获得最终的成功。

备考技巧：我对什么感兴趣？	选出符合我的选项	我该如何做，才能乐在其中？我应展现出自己的哪一面，才能获得这种乐趣？
接触新鲜事物		
了解别人不知道的知识		
从多种角度掌握某一学科		
探寻这门学科内各部分间的联系		
成为此领域的专家		
树立并达到目标		
挑战有难度的学科		
全神贯注投入某一学科		
与他人讨论此领域的内容		
确信自己会获得好成绩		
需要安静的环境复习功课		
其他：		
其他：		

复习：在脑中重温考试步骤

想象自己正经历备考的每个步骤，例如：

• 在脑海中，想象自己正在通过某一惯用模式，使自己静下心来复习。如果你还没有这样的惯用模式，现在就思考一下哪种模式会对自己有所帮助，并不停尝试着去寻找，直到你发现为止。

• 想象自己正在享受复习过程，并为自己能认真对待复习材料而感到高兴。回忆自己曾经有没有真正享受学习过程的经历，如果有，你就可以在脑中一遍遍温习当时的场景，并提醒自己记住当时的感受。

• 想象自己正在给某人讲解你刚刚所学到的内容，而此前他对这个问题一

Chapter 11 进入"甜区"(3)：模拟胜利

无所知。所以，你需要选择恰当的例子，来阐明自己想表达的意思。即使还想象不出具体该怎么讲，你也会因为自己让他人理解了某个深奥的内容，而感到满足。

• 你会为自己能在考试前就预想到可能涉及的问题和答案，而感到愉快。想出一道可能会出的考题，并想象如果你是考官会如何提出此类问题。

• 在脑海中，想象自己正运用以前学过的知识来预测考题。如果预测的题目在正式考试中出现时，你会获得极大的满足感。

• 想象你已经成为某一学科的达人，你会感到十分愉悦。

第一次使用模拟法时，你脑海中浮现出了怎样的细节？这些细节如何才能应用到将来的模拟之中？

去考试的路上

1. 积极的想法

想象自己正在前往考场的路上，你的大脑可能充斥着各种积极的念头。

• 想想自己在离家之前，习惯做的一套行为模式。其中，哪些能够使你头脑冷静、精力集中？并且，要采取什么方法，才能让自己记住所有东西（详见 Chapter 12 ）？

• 想象自己踏上去考场的路，经过你当天要走的路线，乘坐当天会坐的交通工具。想象自己正在微笑，表情放松，或许还哼着让自己心情愉悦的小曲儿。

- 你休息得不错，心情放松，而且思路清晰。
- 你之前吃的食物分量刚刚好。让你既不会因吃得太多而感觉昏昏欲睡，且能保持头脑的敏锐，也不会因为饥肠辘辘而在考试中分神。
- 你可以在脑中回想一遍重要的知识点，将最有可能考到的知识，在脑中迅速过一遍。你一点也不会感到焦虑，因为相信自己已经有了足够的知识储备来应对考试中可能出现的任何题目。
- 找来这一学科历年的考题，并对其进行重点复习。
- 乐于向老师展示你在他的课程上所学到的知识。
- 你很高兴考试马上就要过去了，这样你就可以为自己考试成功而庆祝一番。

肝脏的九大功能是……

写下在去考试的路上鼓励自己的话，每句话都以"我能……"为开头。

我能

我能

我能

2. 走路姿势

想象自己前往教学楼，进入考场时的身体姿势，并建立一套能使身体放松的有效机制。例如：

- 充满自信。

Chapter 11　进入"甜区"(3)：模拟胜利

- 深沉缓慢地呼吸。
- 放松脖颈和肩膀。
- 放松下颌，确认自己没有紧咬牙关。
- 放松面部肌肉，微笑能帮助我们放松心态。
- 放松手掌和手指。

其他个性化细节：

进入考场大楼

1. 进入即将考试的大楼

在去考场的路上：

- 你应保持镇静、机敏，对即将到来的考试充满兴趣。
- 尽量避免与他人交谈，为考试积蓄精力。
- 即使要交谈，也只和那些让你对考试充满信心的人说话。
- 你有足够的时间，也准备好考试所需的一切，因此没什么可担心的。

- 你已经为考试做足了准备，相信自己的考试一定会顺利进行。
- 你预留了充足的时间来找考场，并且已提前到考场确认过具体位置了。

2. 找到自己的考位

- 要知道，你很可能需要通过查看座次表，来确定自己的考位。而且，在这种情况下，一般都不容易找到自己的座位并按时到达。
- 没必要急急忙忙。
- 如果一时确定不了自己的考位，你也不必太过着急，花点时间就能解决这个问题。
- 虽然你多花了点时间才找到自己的考位，但还是应该保持自己的从容冷静。
- 坐在考位上，等着宣读考试说明。
- 拿出文具，集中注意力并保持从容冷静，不要东张西望。
- 校对自己手表和考场里时钟的时间，以保持一致。
- 期待着考试的开始。

其他个性化细节：

面对考卷

1. 填写考卷上的个人信息

- 你要回忆一下以前的惯常做法，确认各部分的内容都没有遗漏。你在以前的考试中，用到过这些技巧吗？
- 你需要仔细听考官或监考人宣读考试说明，以及应该如何填写试卷上的个人信息栏。

- 你已经通过查阅往年试卷,对考试要求非常熟悉了,所以只需按照考试说明去做,对你来说也并不困难。
- 考试说明并不复杂,内容包括如何填写姓名、考号、考试日期、考试名称或代号、考场号等。
- 你现在的状态应该是冷静而细心。你需要准确填写考卷首页的个人信息,仔细阅读考试说明,逐行往下看,并注意保持精神集中、冷静和放松。

2. 阅读试卷

- 用以前考试时的习惯性流程来阅读考卷,更有助于你充分理解题目内容,并对每个问题做出正确的评估(详见 Chapter 12)。
- 你已经做过许多往年的试卷,所以知道应该如何解读题目。
- 你已经做好了充分的准备,所以对考试信心十足。
- 缓慢深长地呼吸,透彻地理解考题所包含的信息。

其他个性化细节:

选择题目

- 想想你阅读考题时的习惯性流程,以便充分理解并准确评估每一道试题(详见 Chapter 12)。
- 知道怎样才算是好的答案(详见 Chapter 6)。
- 想象自己按照计划中的流程,来选择要做的题目,并对自己选择的题目充满信心。
- 即使某些题目的措辞方式可能出乎你的意料,你也仍然很有信心能充分运用所学的知识,可以对这些问题做出精准漂亮的回答。

- 你对考试题目很感兴趣，迫不及待地想要开始作答，以向阅卷人展示自己所掌握的知识。

- 你的呼吸保持平稳镇定，正缓慢深长地呼出一口气。

- 你的下颌、面部肌肉、肩膀和双手都很放松。

- 用记号标记自己准备作答的题目。可以在那些自己最有把握答好的题目前，用星号或对钩来做标记。

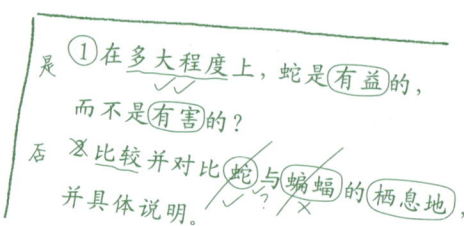

仔细考虑每个问题。

- 认真而仔细地阅读每一道题目，确认自己能回答出自己最感兴趣考题的全部重点内容。

- 对于准备作答的题目，用下划线划出其中的关键词，确定自己完全清楚题目所问的真正意思。

- 你已经对题目跃跃欲试了，简要记下几个初步的想法，以免忘记。

其他个性化细节：

写下答案

- 想象自己正快速地思索答案，计划着如何作答，并记下答题要点。这时的你沉着冷静，精神高度集中，甚至都能听见笔尖划过纸张的声音。

- 你正在思考答题策略：如何组织答案结构，以何种顺序组织素材，如何用逻辑将每个要点串联起来。

- 你组织的答案很有说服力，例证和细节都很到位。

- 记下回答每道题所用的时间，这样你就能明确还剩下多少时间可用。

- 在开始作答前，先构架一个简要的答题计划。
- 你正以一个适当的速度答题，保持注意力集中，并按照刚才的答题计划写出答案。
- 你能清楚地记起答题所需要的各个知识点，因此答案好像从笔尖自动流出一般。当你一时回忆不起某个知识点时一定要保持镇定，先暂时别去想它并继续写下一点内容，过一会儿你就会想起来了。
- 你对自己的答案非常满意，而且很享受组织答案的过程。
- 你开始归纳结论，并使论述与题目形成呼应，让答案完美收尾。
- 你感觉为备考所付出的一切都是值得的。

其他个性化细节：

完成考卷

- 在考试过程中，你一直注意着自己的时间安排，并都按考前计划行事，现在是完成所有题目并收尾的阶段了。
- 你已留出了足够时间检查自己的答案，并核对答案是否有错误和遗漏。认真检查试卷，保证所写的答案能够自圆其说。
- 在检查过程中，你在现有答案上又添加了一些细节，这使你感到非常高兴。
- 尽量让卷面保持整洁清晰，以确保阅卷人能看清你的文字。你时间掌握得很好，在考官宣布考试结束前，刚好完成了试卷的检查工作。
- 你走出考场，对自己刚才的表现十分满意，因为你已经竭尽所能，努力达到最好了。

考试结束后

• 想象自己离开了考场，这时感觉会是如何：疲惫？高兴？泄气？

• 你现在最需要什么：食物？饮料？独处的时间？别人的陪伴？去看电影？参加聚会？和家人在一起？

• 务必为各种可能出现的情况做好准备，因为很难预料考完试你会是哪种状态。

其他个性化细节：

 结语

尽管拥有明确的长期目标能够使我们不断进步，然而投入到当下的任务也同样重要，正是当下的努力才让我们向目标一步步地迈进。本章鼓励大家模拟自己走向成功的全过程，而不仅仅是最后成功的那一刻。

本章内容有这样一个前提，我们每个人都有未发掘的个人品质和才能，这些才能并未在日常生活或以往考试中表现出来。对于有些人，这些特质可能会在某一特定的情形下表现出来，自己却从未意识到。对于一部分人来说，这些有益的特质可能在他们成长的某些阶段被压抑了，而我们正是要将这些特质有效地应用到备考过程中。

我们可以通过以下方式，使这些未发掘的特质充分表现出来。首先，我们应仔细考虑哪些特质会是考试所需要的。然后，再回忆自己曾在何种情形下，表现过这种特质。如果发现自己从未具有过这种特质，则可以通过角色扮演法来获得，即想象自己已经拥有了这种特质，并在备考过程中不断地练习。

每个人都有不同于平常的一面，如果我们发现自己享受考试的那一面，就会更加勇于接受挑战，并在备考全过程中尽力运用模拟法。通过想象备考的流程，提前计划可能会出现的障碍，并模拟通向成功的全过程，将会有很大的概率提升自己的能力和自信，取得更优异的考试成绩。

Chapter 12

考试进行时

学习目标

本章内容将帮助你:

- 在考前准备阶段,合理有效地计划时间。
- 当复习起步较晚时,采取紧急复习策略。
- 为考试做最后的冲刺。
- 在考试中合理安排时间。
- 选择和回答问题。
- 常见问题的解答。
- 从考试中总结经验教训,以提高将来的考试成绩。

当考试临近，有些学生在为考试做最后的冲刺，而有些人则忙着弥补失去的时间。不管你是其中的哪一种，这章内容都会对你有所帮助。因为本章主要讲冲刺时刻的准备工作，前几章内容都是为了最后的复习阶段做铺垫。如果你在做考前心理准备时，已经使用过本章所讲的方法，请继续练习。只有不断巩固这些策略和技巧，我们才有更大的概率发挥出最高水平。

当你因为考试而焦虑不安、心事重重时，会很容易打乱平常的基本复习计划。附录5中提供的规划表，能有效帮助你完成各个复习项目。

这一章内容应与前几章结合起来应用，例如Chapter 9 "有条理的分块复习"涉及的参加模考练习，Chapter 11 介绍想象成功过程的技巧，以及Chapter 10 介绍放松和稳定心绪的技巧。以上几章内容，都会帮助考生调整出适合考试的最佳心理状态。

还有一些问题也很值得深思，例如考试结束以后你需要做什么？你从这次考试中收获了什么，并如何将它们应用到将来的考试中去？

冲刺复习：时间因素

1. 剩下的时间不够了

虽然你所剩的复习时间也许并没有想象的那么充足，但在这最后的时刻你还是有时间做些补救措施的。所以，我们应把注意力放在如何高效利用余下不多的时间上，而非在毫无意义的担忧中白白浪费时间。

你由于时间不够而担心的根源是：

- 你是否在利用焦虑情绪，使自己保持精神集中？
- 你是否已经劳累过度？
- 焦虑情绪是否让你无法安心学习？
- 你是否把焦虑当作用来逃避考试复习的借口？

2. 复习不完所有内容

你需要查一查是否每门课都需要进行系统复习。对有些以选择题和简答题为主的考试，确实需要复习整学期的内容。而许多其他的考试则可以选择其他的复习方式，你也可以自行选择要作答的题目。因此，即便不复习所有内容，也可以取得好成绩。

复习时，省略一部分内容是有风险的，因此最好准备超过考试所需要的两倍以上的题目。

3. 不要把所有鸡蛋放在一个篮子里

与其集中力量仔细复习一两个科目，不如多复习几科，每科不用看得那么深入。总的来说，如果你想获得足够的分数来通过考试，那么请回答完考卷上所有的问题，这远比只在几道题上提供完美答案得分要高。

4. 真的没有时间复习

如果时间真的很有限，那么你最好运用以下技巧，强迫自己快速高效复习：

- 给自己 5 分钟时间，简要写下需要复习内容的关键字，制作一个清单。
- 最多再给自己 5 分钟的时间，将这些关键字按照重要性和在考试中出现的可能性，重新进行排序。
- 圈出两三个你最擅长的话题，或是你感觉不太难的话题，先复习这些内容以便增强自信。当你觉得自己对这些内容已经足够熟悉时，再开始复习下一项内容。
- 认真学习下面列出的"紧急复习策略"。

紧急复习策略

如果你的复习计划已经远远落后于预期，那么以下紧急复习策略将对你非常有用。

1. 了解内容概述

如有必要，请快速通读你的课堂笔记或教科书的概述部分。这样做的目的不是为了记住细节内容，而是为了记住这门课的要点。这将有助于你从整体上了解这门课程，并且能在考试中更好地利用背景知识。

2. 挑选关键信息

- 针对每一门科目，请锁定 2~3 项核心研究。
- 记住研究者的姓名和他们所属的学派。抄写他们的名字，并大声念三遍他们的名字，以加强记忆。
- 注意这几项研究出现的顺序。各项研究之间有何种联系？一项研究是否导致了另一项的发生？
- 认真思考为什么这项研究如此重要。然后，将其重要性大声说出来，让自己听见。
- 将其重要性重复至少三遍，如果需要的话可以进一步简要叙述。这样能够加深自己对该信息点的印象。

3. 继续进行

- 将以上步骤应用在各个科目上。如此一来，对于这几门科目你就都有具体内容可供参考了。

4. 回过头来深入复习

- 如果你还有时间，还可以回过头来对每门科目进行更加深入的复习。先从最重要的科目开始。
- 将你在复习中了解到的新内容和以前学到的知识联系起来，在脑中构建此科目的一套体系。

5. 利用业余时间

• 随身携带复习要点，在做其他事情时也可以看上一眼。无论是做早饭时、穿衣打扮时，还是等车时都可以拿出来翻看一下。

• 当你从某地前往另一地时，可以在脑中回忆要点内容，之后尽快核对是否有遗漏的细节。

冲刺复习：细节调整

随着考试的临近，你的备考进入了冲刺阶段。这时，你做的大部分工作是重复已经了解的内容，或是进行细节调整。以下有一些细节调整的方法可以参考。

1. 段落整理

• 浏览自己整理的压缩版的复习笔记。

• 如果你还没有对复习的科目进行主题分类，那么现在就动手做一个简明的分类列表。

• 仔细思考这些分类主题能否凭借自身逻辑构成几段话，还是它们更适合整合在一个段落中。答案的组织形式，取决于每道题目的具体措辞和要求。

• 弄清哪些材料是最重要的，哪些是必不可少的，哪些是可以省略的。清楚这些，将在考试中为你节省大量时间。

• 对于每门科目，仔细思考哪些概述性段落是可以在不同考题中通用的。

2. 快速提示列表

• 通过找到一个关键词，帮助回忆某一话题或段落。

• 将关键词整理成列表。

• 用心记住这个列表，可以通过联想、大声重复朗读或抄写等方法，来记忆这些关键点。

- 可以用关键词编一个小故事，或编一首歌，这样有助于记忆。

3. 首字母助记法

- 挑出每个关键词的首字母。
- 将字母重新排序，使它们更方便记忆。可以组成一个词，也可以生造一个词，只要你能记住各个字母代表的关键词即可。

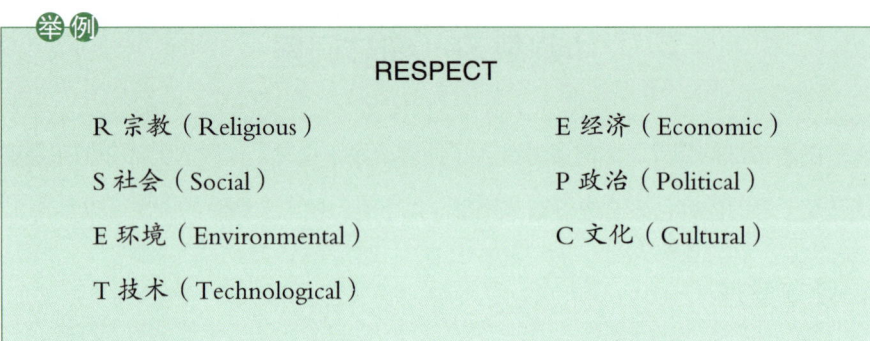

举例

RESPECT

R 宗教（Religious） E 经济（Economic）

S 社会（Social） P 政治（Political）

E 环境（Environmental） C 文化（Cultural）

T 技术（Technological）

4. 重新找回兴趣

当你觉得枯燥乏味时，可以尝试浏览某一领域中自己尚未接触过的文章和书籍。这些材料也许能提供给你新鲜有趣的内容，或者使你从另一个角度来思考这个问题。通过阅读这些材料，你会重新燃起对这些内容的兴趣，更会有助于整体科目的记忆。

考前一周：保证睡眠

1. 睡眠与大脑活动

保证充足的睡眠对考试十分重要。这不仅是从健康方面考虑，还因为充足的睡眠可以保证我们在复习时能集中注意力，考试时能专心答卷。当然，就算你考前睡眠不足，或许仍然能做得不错，但是还是会影响你的整体表现。

2. 应对睡眠不足问题

大多数人每天需要 8 小时睡眠，如果我们睡觉时间少于 8 小时，则会导致睡眠不足的问题。而且，睡眠不足并不能通过补觉来解决，因此我们应尽量合理安排自己的休息时间。

从考前一周起就应该开始调整自己的睡眠，这样在考试期间就不会有太大的适应考试时间方面的压力，以保证我们考试期间也能放松入睡。

3. 建立良好的睡眠模式

我们应提前建立一套适用于考试期间的良性睡眠模式。睡眠模式的改变会影响睡眠质量，并直接影响你考试时的效率。如果你常常昼夜颠倒，白天睡觉，晚上工作，那么应在考前几周将作息时间调整正常。

考前一周：滋补大脑

1. 基本饮食

在考前准备阶段和考试期间培养良好的饮食习惯，将有利于你考试的发挥。若非身体状况不允许，请多吃以下食物：

- **蛋白质**：肉类、鱼类、黄豆制品、植物素肉、坚果和奶酪，以及各种豆类、谷物和种子。
- **脂肪**：身体需要脂肪来加工蛋白质并保护胆囊器官。健康的脂肪包括橄榄油、种子、鱼油，各种多元不饱和脂肪。不健康的脂肪包括饱和脂肪，即乳制品、人造黄油和棕榈油中含有的脂肪。
- **碳水化合物**：通心粉和米饭这类可以缓释碳水化合物的食物能有效防止

饥饿，并让你少吃零食。

- **水果和蔬菜**：能提供你身体和大脑所需的各种矿物质、维生素和微量元素。而且，食用的种类应该多种多样。

2. 能提高成绩的饮食

- **水**：每天应饮用两公升左右的白水。如果你喝了含糖的软性饮料，则需要摄入更多水分。白天多喝水有助于脑部的电磁活动。当你处于相对脱水状态时，身体中的水分主要会用于维持核心功能，例如心跳、呼吸和消化等。这样一来，脑部水分就会减少，使你写论文和解决难题时感到力不从心。

- **欧米伽油**：体内缺乏欧米伽油的人群，在服用一个疗程为期数周的欧米茄油后，做事效率会有所提高（详见第 134 页）。欧米伽油可以通过胶囊摄入，也可以通过食用富油鱼类，如鲭鱼或亚麻籽油摄入。

3. 禁食的食物

- **饮用过量咖啡**（每天 3~4 杯），会影响你的睡眠和休息。如想进一步了解功能饮料，请见第 134 页。

- 饮用**软性饮料**会导致身体能量的不平衡。

- 尽量避免摄入**食用色素**，尤其是红色和黄色，因为食用色素可能会使有些人难以集中精力。

- **酒精和毒品**会损害人神经系统的功能，降低对自身表现的监控能力。

考前一日

考试前一天应该如何度过，每个人都有自己"最好的方式"。人与人之间个体差异很大，从考试方法、冲刺复习、应对压力到心理感受（如紧张、兴奋）等方面各不相同。

有的人喜欢在考前一天充分放松自己，这能使他们更好地休息，提高睡眠质量，化解焦虑情绪。而有的人则喜欢在考前一天做最后的冲刺复习，他们觉得有效利用时间更能缓解自己的压力。也许你会发现，自己在考前一天只能接受某类特定的信息。不管你适合哪种方式，以下步骤都会在考试中帮助你将优势发挥到最大。

1. 提前规划考前一日

仔细考虑自己最适合怎样度过考前这一天，如何才能使自己保持心态平稳和注意力集中。你不要迫于压力而盲目地听从别人的意见，要尽最大可能将这一天空出来，不要受其他工作及活动的影响。

2. 为自己充电

在考试前一天，不要让自己整天都待在一个地方。去不同的地方走走，哪怕是散步去图书馆也好。因为我们的大脑需要休息时间，从事一两个小时感兴趣的事，能够消除大脑疲劳，使思维恢复敏捷。应用能让你进入甜区的活动（详见 Chapter 3、4、11）和放松技巧（Chapter 10）。

3. 实际准备

- ☐ 挑选考试当天穿的衣服。
- ☐ 如果考场允许带饮品进入，准备一瓶白开水。
- ☐ 确保自己已准备好考试所需的食物。
- ☐ 将钢笔、铅笔、手表等物品装好。并事先查阅相关考试规定，看是否允许带这些物品进入考场。
- ☐ 如果有必要，检查儿童托管和候补计划是否准备到位。

4. 确认细节

- ☐ 应用你的规划表（详见附录 5）。
- ☐ 仔细确认考试的时间和地点。

☐ 考虑应该提前多久出发前往考场，要考虑到交通的因素。

☐ 阅读过去试卷上的考试说明，确保自己明白上面的要求。

☐ 计划明天考试时应先答哪道题。

考试当天

1. 基本思路

- 核对清单（详见第 256 页），再次确认有没有忘带东西。
- 留出足够多的时间前往考场。
- 确认自己带了考场图和考试说明，以备不时之需。
- 确认自己带了手表。
- 慢慢享用你的早餐。
- 避免食用糖类，因为会使你在考试时体内糖含量下降。如果你爱吃甜食，可以在考试当天食用葡萄糖片来维持身体能量。
- 记得带上钢笔、白开水和其他需要的用品。
- 保持积极的心态，多想想自己为考试所做的知识储备和生活中美好的事物。如此一来，消极思想就无法立足。所有的消极思想都会离你远远的！

2. 进入考点

- 想想自己更适合与其他考生交谈，还是一个人独处。
- 长出一口气，用深呼吸的技巧来使自己平静下来（详见 Chapter 10）。
- 确认自己已将所有复习笔记、手写材料和其他违禁物留在考场外。

3. 就座

- 调整好自己的空间。
- 确认自己能随时看到时间。
- 仔细阅读考试说明,别想当然地认为考试说明都跟以前的一样。

有效利用考试时间

1. 方法

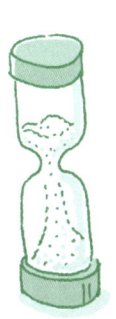

- 保持冷静,快速并不意味着慌乱。
- 以快速高效为目标,有条不紊地答题。
- 考前训练能培养出更加迅速工作的策略。

2. 提前规划时间

- 在考前规划好应如何分配考试时间。进入考场时,你可以马上在纸上写下时间计划,并自始至终地遵照执行。
- 应留出读题、思考和选择问题的时间。
- 优先选择自己最擅长的问题,这将为你在考试中节约时间。

3. 构思作答

- 小论文的构思要尽可能简洁。
- 只需简要记下主要几点。
- 写下你可能转眼就会忘的口诀和零散信息。当它们划过脑海时赶快写下来,用完某一条后马上划掉。
- 答题纲要不用写得太整洁,除非它们也要上交给考官打分。
- 即使你的构思还不太完整,也要尽可能快地动手答题。
- 如果你能在脑中构思,写下自己认为有用的信息点即可。

4. 关注要点

• 必须时刻牢记阅卷人是根据你答案中出现的要点来给分的。因此，答题要尽量做到简明扼要，旨在用最少的语言涵盖最多的要点。

• 无论某些信息多么有趣，也不要为无关紧要的内容分散注意力。

• 你的语言风格会贯穿于答案之中。如果你习惯使用华丽冗长的辞藻，那还是试着直截了当地表达自己的观点比较好，这样能使答案涵盖更多的内容。

5. 别光想着节约时间

• 组织答案时，应尽量使开头和结尾简洁明了，论证部分逻辑清晰、层次分明。

• 别光为了节约时间，不经构思就把知道的全都写在答卷上，因为考官的分数是根据答案的批判分析、说理论证和对论据的评估选择来给出的。

选择题目

1. 选择要作答的题目

• 核对每一部分有多少题目需要作答。

• 认真仔细地阅读每个问题，思考题目的真实意图。

• 检查考卷背面是否还有题目，很多考生在考试时都忽略了这点。

• 将可能作答的候选题目标记出来，仔细检查每道题都有几个部分，考虑自己是否能完整作答。

• 注意每道题的措辞（如第 101—102 页中的例子）。

• 作答前可以先打个草稿，将每道题能用到的相关信息标注一下。如果你突然想起关于某个内容的小口诀，为了保险起见，还是赶快把它们记下来，可以写在答卷、草稿纸或试题册上。

2. 考试中有你最擅长的问题吗

如果你擅长的问题赫然在列，这毫无疑问会增强你考试的自信心。然而需要注意的是，务必仔细确认题目确实是你擅长回答的。

3. 擅长的问题没有出现

如果你擅长的题目没在考卷上出现，仔细检查它是否隐含在另一个问题中。例如，是否能将这一问题涉及的材料，用在其他问题中当作例子？

4. 什么题都不会答

如果你认真准备了一定数量的题目，这种情况就不可能出现。如果每个问题你都答不全，那么就先选择自己能正确回答一部分或某一问的题目。

如果题目都很难，那就选择自己最了解的题目。但是不要急着写答案，先简要列一下可能会用到的材料，因为你记得的也许比你想象中更多。

5. 不知该选哪些题

快速拟定一个针对几道问题的答题纲要。通常，你还没列完就已经下定决心选择哪些题目了。如果你仍在几个候选题目中徘徊，不能下定决心，那就随便选一个着手答题。

解答考题

1. 回答问题

- 尽量简洁作答，并确保答题纲要包含了问题的所有方面。方法之一是列出几个标题，并在下面列出关键词、参考来源和例子。如果你在考试过程中想到其他要点，可以直接加上，如果写完了某一点，就将其划去。
- 时刻留意考试时间，确保自己没有在一道题上耗时太久。

- 答题时，始终留意自己回答的是考卷上所写的问题，而不是自己脑中改写过的问题。
- 不时地回顾自己的答案以及答题纲要，确保答案始终切题，并包含了纲要中列出的所有关键信息。

2. 遵循规定

高等教育要求学生遵循一系列学术上的规定，例如：

- 写小论文时，应遵循大家普遍接受的文章结构。
- 用证据或例子支持自己的观点。
- 用正式文体写作，语言风格不应像口语或新闻。
- 论点应言之有理，建立在对理论和证据的批判分析之上，而不应该仅是对别人观点的描述、叙述或罗列。
- 应该表明自己对题目涉及的主要理论和研究发现有一定认识。

3. "哗众取宠"

学生们都希望自己的答案能给阅卷老师留下深刻印象。这么做本来无可厚非，但需要注意应该采取一种大家能够接受的方式。方法如下：

- 对某一问题具有与众不同的见解，但又能自圆其说，有理有据。
- 表现出对某一问题非同寻常的深刻理解。
- 答题语言符合学术标准，能准确使用语法、句法和标点，保证拼写正确。
- 答案涉及与主题相关但层面更高的研究项目和文章。

4. 另类思考

对于同样的试题，阅卷人已经见过上百种的答案，而且他们曾作为主考人或教学者不止一次地见过。绝大部分答案都涉及同一套基础的理论、研究和例子，考生的论证方法也差别不大。阅卷人早就知道这一点，因此也不期待会有多精妙的答案出现。

但在考试前，看一些与主题相关的文章还是有好处的，可以多涉猎权威可信的资源，如近期的期刊文章或专题著作等。想想怎样才能在考试中用上这些相对不常见的材料。如果你准备了这样的材料，很有可能在考试中用得到。但是，如果考卷中没有运用这些材料的机会，千万别只为了给老师留下印象，而硬搬这些不常见的资料。

5. 清晰思考

阅卷人希望能迅速并轻易地找到你答案中的得分点，因此他们欣赏风格简明、条理清晰的答案。相反，如果答案逻辑混乱、内容跑题、开头结尾差劲、分段混乱、论证思路不清晰、格式错误、缺词漏词，这一系列问题只会使答案难以理解，那么阅卷人也很难给出分数。

- 理清思路，想清楚自己到底要表达的是什么。明确观点，知道自己的核心论点是什么。文章开头一定要明确提出论点，并且在结论部分予以呼应。
- 仔细考虑应该以何种顺序组织答案中的要点，使答案显得逻辑更严密。
- 每个段落都应有起始句，其作用在于承上启下，开启本段内容对论点的进一步阐述。
- 选择能支持自己论点的例证和细节。但不要过度使用这些材料，否则会将论证淹没在细节之中。明确为什么我方观点引用的论据比对方观点的论据更有说服力。
- 结论部分应对论证做出总结，说明是怎样去支撑你的主要论点的。

6. 别耍小花招

别试图用小花招来吸引阅卷人的注意力，包括：

- 笑话。
- 冗长且与主题无关的引用。
- 关于生命和宇宙的概括性陈述。
- 问题列表。

- 将要点用下划线标出以示突出。
- 图片（除非题目需要）。
- 应用不同的颜色（除非题目有此要求）。
- 将答案以奇怪的布局写在考卷上。

7. 避免唠叨和反复

不要只是为了填满考卷的空白，而把同一件事用冗长的形式不断重复。即使你用两种不同的表达方式说出同一个意思，也不会因此而得到双倍的分数。

比较下面两个例子，分析在不长的几句话中涵盖了多少相关内容。

> **举例**
>
> 　　火山的形状受到熔岩化学结构的影响。岩浆中铝含量和镁含量的相对差异导致了岩浆黏性的不同，这一点反过来影响了岩浆的喷发方式，以及它能蔓延多远。举例来说，夏威夷的火山普遍比较平坦，这是因为熔岩中铝含量较高，使得熔岩流动成薄而平的层次。

> **举例**
>
> 　　火山是这个星球上最非同寻常的自然力量之一。地球上大部分地质形态都是由数百万年的长期火山活动形成的。然而，并非所有火山都是相同的。我们确实可以看到许多形状不同的火山。是什么原因导致了火山的形态各异呢？为什么有些火山呈扁平状而有些火山呈椎状？多年以来，科学家对此有着许多不同的解释。

8. 检查答案

- 合理地规划考试时间，以保证你每答完一道题后都有时间检查，或是做完整张试卷后有时间统一检查。

- 通读自己的答案，确保语言清晰、合情合理。
- 如果答案中有后来添加的材料，务必保证其符合答题规范（例如，在页末写上页码，或写在脚注中）。
- 即时修改那些可能看不清的字词。

常见问题解答

1. 我该什么时候构思答题内容，在考试一开始时还是回答每个问题之前

对你来说，最好的方法就是亲身试一试。如果你最近都没有参加过考试，那么可以通过模拟考试来尝试。你可以在考试刚开始时花几分钟时间写下每道简答题的核心信息，这是很有必要的。这将帮助你：

- 确认自己是否能回答所选择的问题。
- 明确自己是否需要在某些答案上多花点时间。
- 刺激大脑的记忆。
- 对掌控考试更有信心。

在考试过程中，如果脑中突然闪过某些念头或信息，而相关的问题你还没有回答到，那么可以先记下这些内容以防忘记。当你开始回答这道题目时，如果已经在头脑中已经想过这个问题了，那么这对你是有帮助的。

2. 是否应该先答自己最有把握的问题

这取决于：

- 你会随着考试的逐渐深入越答越好，还是随着疲劳感的增加而越答越差？
- 怎样才会令你更有自信，你是先解决最擅长的题目，还是先解决最困难的？
- 你是否擅长在考试中把控时间。如果不擅长，那就别把最擅长的问题留到最后。

3. 是否应该在擅长的题目上多花时间

通常这并不是最好的选择，最明智的是将时间平均分配到分值相等的各道题上。例如，如果在3小时的考试时间里你有3道简答题要做，则分配给每道题约50分钟的时间。你的首要目标应该是答完试卷上的所有考题，因为在每道题上都获得基本分数的学生要比在一两道题中获得高分的学生更容易通过考试。

4. 是否应该稍作休息

有些人喜欢在答题间隙小歇几分钟，这种有计划的休息能使他们的精神重新振作起来。而对有的人来说，整理下一道题思路的时间就相当于休息了。如果你觉得在考试中休息纯粹是浪费时间，并且还会让你精神紧张，那就避免在考试中做任何停顿。

5. 如果在考试中大脑突然一片空白，怎么办

这种情形很常见，因此不用过分担忧只有自己才是遇上这种问题的倒霉鬼。况且，这种情况并非灾难性的，我们有应对的方法。

• 尝试保持冷静。慌张只会让你更加难集中精力思考，因此你的首要任务是控制焦虑情绪。

• 如果你实在想不起来也不必强求，继续做下一道题。说不定过一会儿你就能想起来了。

• 如果你真的脑中一片空白，可以尝试在纸上简要记下几点，再考虑之间的逻辑关系，说不定就会为你打开思路。

• 如果一直没有思路，也不要让笔停下来。随便写些东西，并发挥自由联想。

• 仔细读题目，记下其中的关键点。说不定某些关键字就能刺激你想起答题所需要的素材。

• 如果你一时想不起某个知识点或引用，那就留意着点。没有这些的答

案也许达不到完美,但也没必要因为这个而焦虑。你很有可能在考试结束前,还能记起一些你遗漏的细节。

• 当你觉得疲劳时,可以休息一两分钟,并用学过的呼吸技巧来让自己平静下来。

6. 提前做完了考题,该怎么办

最好待在考场里,不要提前交卷。考试的题目都是根据时间设置的,你可以利用这段时间检查一下自己有没有遗漏的要点。运用"如果大脑一片空白"小节中介绍的方法,看能否想起些有用的内容。如果你现在交卷走人,就再也没机会添加任何新内容了。

7. 用不到别人那么多的答题纸

没必要为了填满卷子而多写,只要你按照题目要求认真回答完整了每个问题就行。

考试结束后

1. 没通过考试

很多人在考试结束后都会感觉自己没通过,结果却很有可能通过了考试。就算真的失败了,也还有补考或其他选择。如果确定自己要参加补考,那你将会有足够的时间复习手中的材料。另外,再看看你所在的大学有没有专为补考设置的课程。

确定补考的日期,保证自己这一天没有其他事,能够按时参加补考。如果你真要参加补考,那么就仔细想想怎样才能提高自己的成绩(详见第242—243页)。

2. 我当时怎么没想到

也许你一出考场大门就想起了应该怎么答题会更好，其实，这种状况十分普遍。然而，几乎没有人能在考试中涵盖自己本身想写的所有要点，并答出近乎完美的答案。所以你没有必要对此耿耿于怀，注意下一次汲取教训，能做到更好就行了。

3. 我生病了

你应该及时报告自己的病情。如果考前生病了，应及时向老师报告自己将缺席考试；如果在考试过程中不舒服，则报告自己需要提前离开。

如果你本来就身体不好，那么应该在入校时就通知教职人员，以便他们根据你的需要做出相应安排（详见附录1）。一般情况下，需要特殊安排的学生应给出医生诊断书或类似的证明。

4. 考完了，为什么不开心点呢

在考试的预备阶段，我们总以为考试结束后一切都会变得非常美好，我们终于能干点自己喜欢的事了，而这些事情在备考期间都不得不搁置了。

然而，考试结束后我们会觉得：

- **精神愉快**。不用考试和复习的日子真美好。
- **获得解放**。我们终于能关注其他事情了。
- **平淡结束**。考试结束后，好像也没有什么重要的事可做了。
- **压抑沮丧**。兴奋情绪无处宣泄。
- **无力不安**。等待成绩的过程很难熬。

考完试给自己留出些时间，让生活回归正常的轨道。你或许会希望出去庆祝一番，但同样也需要一些安静的时间回归正常生活。

经验教训

这次结束，下次如何才能做得更好呢？考试过后有一段时间是反思的好时候，这时你可以总结并记录一些考试中的经验教训，并将其妥善保管起来，以便下次考试时可以随时翻看。

关于考试表现的思考	
在备考阶段，你对时间和复习进度掌控得如何？	如果再给你一次重来的机会，你希望哪点有所改善？
回顾复习过程，想想你更适合与别人一起复习，还是独自复习？	通过学习，你都掌握了哪些在考试状态下记忆信息的技巧？
	考试结束后感觉如何？和你想象的一样吗？考完以后你需要一个怎样的环境？

 结语

如果你已经认真学习了所有或部分本章节以及前面章节的内容，那么你现在应该已经有足够的自信应对考试。

Chapter 3 中介绍了如何才能充分发掘潜能，发挥出个人最高水平，还列出 5 点计划帮助你达到个人的巅峰状态。如果你按照这个计划去做，整个人会感到精力充沛、身体良好，考试答题时驾轻就熟、胸有成竹，心情也能保持放松而机敏。

虽然我们不可能完全掌控考试中所有可能的变数，但我们应该相信自己能够掌控那些力所能及的方面。本书涵盖的 5 点计划及各章节的内容，能够帮助你一步步走向成功。也说明以下几点非常重要：对自己的态度负责、保持心情平静、找到考试和挑战带来的快感。

理想的备考状态应该是，你已经做到了实现个人目标需要做的一切，明确知道了自己的预期和实际能为之付出的努力，并对自己能够逐步达到最终目标充满了信心。

如果你以这种方式来应对考试，将很有可能进入 Chapter 3 所描述的"考试甜区"，在这种状态下所有的事情都会有条不紊地进行。通过复习，你不仅能取得考试的成功，还将学会如何珍惜并享受考试的整个过程。

附录 1

残疾或患有阅读障碍学生的特殊考试安排

1. 有哪些权利

根据规定，英国大学需要为患有残障的学生安排特殊考试，残障范围包括阅读障碍、书写障碍、运动障碍。特殊考试应做到公平合理，不能影响学术标准。

尽管如此，还是要考虑到可能会等待一段时间，学校才能满足此类学生考试所需的全部条件。有时，还要提前数月预约像英国手语（BSL）翻译之类的专业帮助。另外，购置专业设备和家具也需要时间。所以，越早通知学校你的情况，学校才能越好地为你提供各类支持。

2. 都有何种特殊安排

特殊安排都是根据个人情况制定的，主要取决于残障的程度和考试的类型。以下是一些具有代表性的例子：

- 如果你日常就使用英国手语作为主要交流方式，并觉得用英文交流起来缓慢且困难，那么可以申请携带翻译参加考试。
- 使用盲文的学生可以申请盲文技术支持。
- 健康状况不佳或有残疾的考生可以要求考试中休息。
- 患有运动障碍或书写障碍的学生可以通过口述答案的方式参加考试，抄写员应一字不落地记录考生的回答。
- 如果学生确实因为某些原因，需要较长时间才能完成答题，学校会酌情延长考试时间，方便他们能完成作答。
- 患有注意力障碍的学生需要在专门的考场里进行考试。
- 需要运用电脑语音识别技术的考生要在单独的考场进行考试，并用电脑记录他们的答案。

- 如有必要，可以申请相应的特定家具和技术，以满足不同的需要。

3. 应该何时，以及向哪个部门反映情况

你应该尽量提前向学校反映自己的情况，最好在第一学期开学前就通知学校。因为学校需要较长时间才能对你的情况做出评估，并根据具体情况安排适合的课程。

执行特殊安排和筹集资金也需要时间。因此，你越早通知学校自己的情况，学校才能更好地为你安排专业人员提供各方面的支持。

大部分英国大学都设有残障主管或协调员这一职位，旨在为有障碍的学生提供指导。你也可以联系学生服务中心或类似机构，还可以向学校的学生会相关人员反映情况。

4. 需要提供何种证明

如果你曾经在其他教育机构接受过特殊考试安排，可以将证明寄给现在的大学，并随信附上医生、听觉病矫治专家、教育心理学家或其他专业人士出具的评估证明。

如果你认为自己有某方面障碍但还未进行诊断，残障主管会为你提供进一步的指导。许多学生都在年初申请诊断，等候的人可能很多，因此越早申请会越好。

附录 2

我是否患有阅读障碍

1. 现在才发现病情

有的学生会怀疑自己可能患有阅读障碍，或与之相关的运动障碍、书写障碍。

实际上，许多患有阅读障碍的学生并不是在学校被诊断出的。究其原因，可能是这些学生之前尚能应对学校作业，但是他们在进入大学或工作以后则明显表现出了这方面的障碍。也会有些学生可能存在拼写、阅读、写作和其他方面的困难，这些都和阅读障碍有关。

2. 阅读障碍的病症

阅读障碍的特征可能因人而异，但基本有以下几点或全部的表现：

• 患者即使每天按时上学，不断努力学习，在阅读、拼写或写作等方面还是存在严重障碍。患有阅读障碍的学生可能在阅读、拼写、写作方面成绩尚可，但他们学习这些科目明显要比其他科目更费劲。

• 患有阅读障碍的学生大部分能和正常学生一样理解某学科的内容，但他们很难用大家能看懂的语言写下自己的观点。

• 阅读障碍患者犯的错误会有很明显的特征，并不是许多人都会犯的偶发性拼写错误或典型错误，而具体的错误特征则取决于阅读障碍的类型。

• 阅读障碍患者可能还存在一系列其他障碍，如平衡、协调、时间、方向和排序方面的问题。他们可能擅长体育运动，但在特定情况下协调性却很差。

• 通常情况下，阅读障碍患者对时间的感知能力较差，他们总是会错过约会时间，并很难估计完成某项任务所需的时间。

• 对于患有相关病症的患者，让他们长时间看同一页内容会很困难，并且他们看到内容在移动、闪烁，或形成纹理时，阅读就会更加难以进行。这些症状可以通过使用有色纸张、滤光片或戴眼镜来缓解，也可以通过用大字体打印并加宽行距来缓解。

- 有时，患有阅读障碍的人很难听懂、记忆或按顺序执行一系列指示。
- 阅读障碍与家族遗传有关，有时也可能是由早产所致。

3. 向学校反映后，学校会采取何种措施

当你向残障主管反应自己可能患有阅读障碍后，他会采取以下几项或全部措施。

残障主管或专业的阅读障碍辅导老师会采取以下步骤：

- 约你见面，了解为什么你会认为自己患有阅读障碍。
- 问你一系列问题，查看是否存在造成你阅读障碍的其他因素。
- 组织初步的排查，内容可能包括一些简短的阅读、写作和其他练习，目的是初步评估你的阅读障碍情况，以及阅读障碍会对你的学业产生的影响程度。
- 为你约见心理医生，并进行特定测试。测试可能包括阅读和写作，但也包括其他常规能力测试，约耗时两小时。也许见心理医生会让你有些害怕，但是许多人都表示这种经历很有趣，因此你也不必太过紧张。
- 做完测试之后，阅读障碍辅导老师或残障主管会告知你测试结果。对非心理学专业的人来说，那些心理学报告可能看起来很高深并难以理解。
- 如果以上步骤都表明你患有阅读障碍，接下来会进一步测试，以确定你需要何种具体帮助。
- 很多情况下，你的症状并不是由阅读障碍所引起的，而是因为其他诸如失学、压力、疾病等因素所致。这时，残障主管也会为你提供进一步指导。

附录3

寻求帮助的途径

1. 学习或生活方面的普遍问题

- 取决于各个大学的不同情况,你可以向个人导师、年级导师或任课老师咨询。
- 向学生服务中心求助。他们拥有许多不同专业的员工,能帮助你解决不同领域的问题,如学习技巧、经费、辅导、住宿、育儿、医疗支持、滥用酒精毒品、饮食失调等方面。并且,这些服务都是保密的。
- 学生会里也有相关方面的顾问,他们可以直接为你提供帮助,或为你介绍其他求助渠道。
- 请参阅学生手册。其中很可能有包含当地各种机构的列表和联系人姓名,你可以针对自己的问题向他们寻求帮助。

2. 读写课程和算术课程

如果你想提高自己学习英语或数学的能力,一般大学和地方学院都有可供选择的相关课程。你也可以选择上网通过相关网站或软件进行学习。

3. 技能学习

www.skillsforstudy.com 此网站提供免费的技能学习资料以及个人发展规划。

4. 残疾、阅读障碍、运动障碍、书写障碍

咨询本校的残障主管或阅读障碍辅导员。

成人阅读障碍组织
为成年阅读障碍和运动障碍患者,尤其是学生,提供帮助。

英国阅读障碍联合会（BDA）

为阅读障碍设立的全国性组织，提供评估、帮助和咨询。

苏格兰阅读障碍联合会

爱尔兰阅读障碍联合会

英国残障学生局（National Bureau of Students with Disabilities）

网站：www.skill.org.uk

5. 综合

英国政府为残障人士开设相关网站。

6. 身体及心理健康

英国国家医疗服务体系（NHS）

撒玛利亚会（Samaritans）

网站：www.samaritans.org

附录 4

5 点巅峰计划

1. 想得到

方面	行动： 我要做什么，何时，何地，与何人	行动更新 （是否按照计划行事？）
控制你的态度		
发展自我意识		
保持观点平衡		
发现兴趣和乐趣		

2. 生活道

方面	行动： 我要做什么，何时，何地，与何人	行动更新 （是否按照计划行事？）
休息、营养、水分和锻炼		
创造环境		
获得支持		
规划时间		
掌控压力		

3. 知道

方面	行动： 我要做什么，何时，何地，与何人	行动更新 （是否按照计划行事？）
了解考试		
透彻理解学科内容		
选择你真正需要的		
用材料回答相应问题		
哪种记忆策略适合你		

4. 看到

方面	行动： 我要做什么，何时，何地，与何人	行动更新 （是否按照计划行事？）
你对考试成功的定义		
仔细预想整个考试过程		
想象最后的成功		

5. 做到

方面	行动： 我要做什么，何时，何地，与何人	行动更新 （是否按照计划行事？）
合理应用复习策略		
主动学习相关知识		
有效利用复习时间		
高效利用考试时间		

附录 5

规划表

规划表 1：现在

行动	评论	完成情况
在日志或计划书中记下所有考试的日期和截止期限。		
在日志或计划书中记下开始复习的日期。		
如有需要，规划出不用学习的时间，并重新安排一切与考试日期相冲突的约会（如果考试日期还没有确定，则把前后大概一周都空出来）。为残疾学生、阅读障碍学生安排特殊计划等（如有需要）。		
了解最新的动向，例如教学大纲、项目计划、学习成果、评分标准。		
查阅其他资料是否可用，如规范答案和阅卷人评语。		
获取历年的试卷（可以从大学的网站上获得）。		

规划表 2：开始得越早越好

行动	评论	完成情况
绘制考试时间表，列出学习每门课的总体时间规划。		
确认是否有人能与你通力合作一起完成复习计划。		
规划你与他人一起复习的时间，将其记在日志中。		
知道考试时间后，马上规划育儿和工作的时间。		
筛选并整理材料（详见 Chapter 9）。		
尽量多准备问题（详见 Chapter 9）。		
充分利用资料，建立相互关联（详见 Chapter 8）。		
用助记法记忆列表、公式、名字和时间（详见第 151—154 页）。		
为考试做好心理准备（详见 Chapter 3、4、11）。		
尽可能多用往年的试题做模拟练习，注意模拟考场氛围（详见 Chapter 9）。		
事先核实考试地点，计划前往路线和到达时间。		
核实考试是否有着装要求，例如要求穿正装等，确保自己有这些服装。		
了解什么能帮助睡眠，什么使你睡不着觉。		
找到能让自己放松休息的办法，例如散步、运动、瑜伽、练习等。		

规划表 3：考前一周

行动	评论	完成情况
多吃营养丰富的食物。		
多喝白水（详见第 133—134 页和第 229—230 页）。		
保持良好睡眠，避免"睡眠赤字"的累积。		
如有需要，压缩笔记量。		
检验自己使用助记法的能力。		
保证所有设备都能正常工作，如手表电池有电等。		
再次核对考试地点和前往的路线，如需要可以带上地图和字典，清楚路上要耗时多久。		
确认自己已经把工作和育儿等事务安排妥当。		
确保自己带了包，以便将不能带进考场的物品按规定妥善存放。具体规定则取决于不同的学校。		
确保自己在考场中带了手表或时钟。		

附录 5

规划表 4：考前一天

行动	评论	完成情况
食用缓释能量的碳水化合物、蛋白质、水果和蔬菜。		
确保身体内有足够的水分，摄入了足量的白开水（详见第 133—134 页和第 229—230 页）。		
通过运动、瑜伽或快步走，来释放多余的能量并缓解不安情绪。		
用各种放松技巧来应对压力，可以多花些时间享受其过程，如果这样能使你放松下来的话。		
如果你觉得有帮助的话，可以复习一下冲刺内容和自己的助记法。		
再次确认所有设备都能正常工作，手表电池有电，携带合适的钢笔、铅笔等。		
再次核对考试地点和前往的路线。		
再次确认自己已经把工作和育儿等事务都安排妥当。		
如果考试是在早晨，务必调好闹钟。		
保持良好睡眠，睡前不要再复习或从事其他有压力的工作，尽量营造一种轻松的氛围。		

规划表 5：考试当天

行动	评论	完成情况
吃点便餐即可，多吃缓释能量的碳水化合物、蛋白质、水果和蔬菜。大餐反而会让你头脑迟钝。		
带上水去考场。		
携带大表盘的表，以方便看时间。到考场时将自己的表与考场的时钟校对。		
用适合自己的放松技巧来缓解压力，努力保持心态平稳。		
多带件外套，以防在考场里觉得冷。		
如果你觉得有帮助的话，可以复习一下冲刺内容和自己的助记法。		
再次确认所有设备都能正常工作，手表电池有电，所有用品都带齐了。		
确保自己知道考试具体时间、地点和去考场的说明。		
确认自己携带了钢笔、铅笔等文具。		
将所有贵重物品放在家里。		
确保自己带了包，以便将不能带进考场的笔记等物品按规定妥善存放。		

附录 6

追踪某领域的科研进展

发表日期	相关研究者	主要研究成果	研究成果的重要性和影响	其他评论或细节

参考文献

BBC News, Gamers get into 'the zone', 28 July 2002, http://news.bbc.co.uk/1/hi/technology/2154092.stm (downloaded 22 April 2006).

Carlstedt, R. A. (2004), Critical Moments During Competition: A Mind–Body Model of Sport Performance (Hove: Psychology Press).

Cottrell, Stella (2005), Critical Thinking Skills (Basingstoke: Palgrave Macmillan).

Csikszentmihalyi, M. (1992), Flow: The Psychology of Happiness (London: Random House).

File, S. E., Jarrett, N., Fluck, E., Duffy, R., Casey, K. and Wiseman, H. (2001), 'Eating Soya Improves Human Memory', Psychopharmacology, 157, 430–436.

Hardy, L., Jones, G. and Gould, D. (1996), Understanding Psychological Preparation for Sport: Theory and Practice of Elite Performers (New York: John Wiley and Sons).

Holford, P. (2002), Optimum Nutrition for the Mind (Grantham: Piatkus Books).

Jackson, S. and Csikszentmihalyi, M. (1999), Flow in Sports (Leeds: Human Kinetics Europe Ltd).

Jackson, S. and Roberts, G. (1992), 'Positive Performance States of Athletes: Toward a Conceptual Understanding of Peak Performance', The Sports Psychologist, 6, 156–171.

Jokela, M. and Hanin, Y. L. (1999), 'Does the Individual Zones of Optimal Functioning Model Discriminate between Successful and Less Successful Athletes? A Meta-analysis', Journal of Sports Sciences, 17, 873–887.

Orlick, T. and Partington, J. (1988), 'Mental Links to Excellence', The Sports

Psychologist, 2, 105–130.

Richardson, A. J. and Montgomery, P. (2005), 'The Oxford–Durham Study: a Randomized Controlled Trial of Dietary Supplementation with Fatty Acids in Children with Developmental Coordination Disorder', Paediatrics, 115, 1360–1366.

Sharma, V. M., Sridharan, K., Pichan, G. and Panwar, M. R. (1986), 'Influence of Heat-Stress Induced Dehydration on Mental Functions', Ergonomics, 29, 791–799.

Van Overwalle, F. (1989), 'Success and Failure of Freshmen at University: a Search for Determinants', Higher Education, 18, 287–308.

Warburton, D. M., Bersellini, E. and Sweeney, E. (2001), 'An Evaluation of a Caffeinated Taurine Drink on Mood, Memory and Information Processing in Healthy Volunteers without Caffeine Abstinence', Psychopharmacology, 158, 322–328.

致 谢

在本书的写作过程中，从内心感激所有能坦诚地与我谈论他们考试经历的学生。我特别要感谢的，是那些因为以前的考试应对策略并不奏效而尝试采用了新的策略，并与我分享个人对考试看法的学生。他们也很愿意与大家分享在过去的考试中，对他们来说有效的应对策略和方法。

同时，我要感谢出版社的同仁们，正是因为他们的辛勤付出和专业知识，本书才得以成型。尤其要感谢苏珊娜·伯伍德（Suzannah Burywood）以及她的团队，在他们的共同努力下，本书得以顺利出版。同样要感谢的是雷切尔·哈迪（Rachael Hardy）和她的团队，是他们保证了本书能够成功地上架销售。另外，我还要感谢瓦莱丽·罗斯（Valery Rose）、乔斯林·斯托克利（Jocelyn Stockley）以及芭芭拉·科林格（Barbara Collinge），感谢他们的编辑工作使本书能够付梓。

最后，我要感谢那些在本书的写作过程中给予我无微不至的关怀与帮助的人，你们帮我查找资料、校对稿件，照顾我的生活，以及陪我聊天、散步。我真心希望将来自己也能回馈你们的支持。